W0052652

UTB 3233

Eine Arbeitsgemeinschaft der Verlage

Böhlau Verlag · Köln · Weimar · Wien
Verlag Barbara Budrich · Opladen · Farmington Hills
facultas.wuv · Wien
Wilhelm Fink · München
A. Francke Verlag · Tübingen und Basel
Haupt Verlag · Bern · Stuttgart · Wien
Julius Klinkhardt Verlagsbuchhandlung · Bad Heilbrunn
Lucius & Lucius Verlagsgesellschaft · Stuttgart
Mohr Siebeck · Tübingen
Orell Füssli Verlag · Zürich
Ernst Reinhardt Verlag · München · Basel
Ferdinand Schöningh · Paderborn · München · Wien · Zürich
Eugen Ulmer Verlag · Stuttgart
UVK Verlagsgesellschaft · Konstanz
Vandenhoeck & Ruprecht · Göttingen
vdf Hochschulverlag AG an der ETH Zürich

„Grundbegriffe der europäischen Geistesgeschichte"
herausgegeben von Konrad Paul Liessmann

Birgit Recki

Freiheit

facultas.wuv

Birgit Recki, o. Univ.-Prof. Dr., lehrt am Fachbereich für Philosophie der Universität Hamburg und war Leiterin der Ernst-Cassirer-Arbeitsstelle.

Ich danke den Teilnehmern an meiner Vorlesung und an meinem Hauptseminar zum Problem der Freiheit im Wintersemester 2007 für wichtige Anregungen. Volker Gerhardt, meinem Mann, danke ich sehr herzlich für die konstruktive Kritik am Manuskript. *B. R.*

Bibliografische Information Der Deutschen Nationalbibliothek
Die Deutsche Nationalbibliothek verzeichnet diese Publikation
in der Deutschen Nationalbibliografie;
detaillierte bibliografische Daten sind im Internet über
http://d-nb.de abrufbar.

1. Auflage 2009

© 2009 Facultas Verlags- und Buchhandels AG
facultas.wuv, Berggasse 5, 1090 Wien, Österreich
Alle Rechte vorbehalten

Reihenkonzept und Umschlagentwurf: Alexandra Brand
Umschlagumsetzung: Atelier Reichert Stuttgart
Satz: Ekke Wolf, typic.at
Druck: Druckerei Pustet, Regensburg
Printed in Germany

ISBN 978-3-8252-3233-7

Inhalt

Warum Freiheit?

Freiheit im Profil

Anhang

Warum Freiheit?

„... weil man sonst sich selbst mißversteht"

So könnte man mit Kant (1788, 110) antworten, denn „Freiheit" ist der Begriff, auf dem unser Selbstverständnis beruht – das Selbstverständnis des denkenden, des handelnden, insbesondere des schaffenden, aber auch: des fühlenden Menschen. Von eigenem Tun, eigener Leistung, persönlichem Versagen oder individueller Schuld, von Verdienst oder Niederlage könnte keine Rede sein, wenn es keine Freiheit gäbe. *Theoria – praxis – poiesis*: Die spezifisch menschlichen Leistungen des Denkens und des kommunikativen wie des produktiven Handelns basieren auf der Annahme, dass wir frei sind. Darunter verstehen wir vor allem, von Anderen nicht gezwungen zu werden und uns nach unseren eigenen Einsichten richten zu können. Freiheit ist die Unabhängigkeit vom Willen Anderer, sodass die Spontaneität und Autonomie des Individuums sich entfalten kann.

Als Freiheit des Willens und des Handelns zeigt sich die Freiheit nicht nur in der Perspektive individueller Lebensführung, sondern auch im institutionellen Rahmen politischer Partizipation und Repräsentation. Sie ist die Bedingung moralischer und politischer Selbstbestimmung. Gegen jeden Anspruch autoritärer Verfügung begründet Freiheit die Unverfügbarkeit von Individuen und Völkern. Wir brauchen uns nur klar zu machen, wie wir die Behinderung der körperlichen Bewegungsfreiheit, die Beschneidung von Entwicklungsmöglichkeiten, den Zwang bei der Wahl des Lebenspartners oder des Berufs, die Einschränkung der Reise- oder Meinungsfreiheit sowie das Verbot von politischer Mitwirkung empfinden und bewerten – dann wissen wir: Freiheit ist ein Anspruch, der zu uns gehört wie die Fähigkeit „Ja" oder „Nein" zu sagen. Wollen und Handeln sind ohne Freiheit nicht möglich.

Nichts als eine Illusion?

Doch wird im Katalog der Freiheiten ein Selbstverständnis konkret, das nicht unbestritten geblieben ist. Sosehr die Behauptung der Freiheit zum Programm einer jeden Aufklärung gehört, so stark ist der Anspruch der – häufig in ebenso nachdrücklicher Berufung auf Motive der Aufklärung geltend gemachten – Bestreitung der Freiheit. Der Mensch ist, so machen diejenigen geltend, die in physikalistischer oder in ideologiekritischer Einstellung die Freiheit für eine Illusion halten, ein in jeder Hinsicht abhängiges Geschöpf: *Erstens* ist er von Grund auf bestimmt von den Bedingungen der äußeren wie seiner eigenen Natur – ein von naturalen Faktoren fremdgesteuertes Funktionssystem; *zweitens* ist er ein *ensemble* der gesellschaftlichen Verhältnisse und darin Objekt einer durchdringenden Manipulation, kurz: ein „Verkehrsknotenpunkt der Tendenzen des Allgemeinen". (Adorno / Horkheimer 1947) Und *drittens* gibt es die These, der Mensch sei durch seine Motive fremdbestimmt. In diesem Prospekt sieht es so aus, dass Handeln und Wollen auf jeden Fall eingelassen sind in einen durchgängigen Kausalnexus.

Wir erleben seit einigen Jahrzehnten mit immer wieder aufflackernder Intensität eine öffentliche Debatte um den Freiheitsanspruch, die durch neue Befunde der Lebenswissenschaften, speziell der Hirnforschung, angestoßen worden ist. Angefangen hat sie mit den Wahrnehmungsexperimenten von Benjamin Libet (siehe Kapitel 1, 42ff.). Das Gehirn, so fassen einige Neurowissenschaftler die Ergebnisse auf, „handelt" bereits, bevor so etwas wie ein Wille oder eine Entscheidung bewusst wird. Nicht Benjamin Libet selber hat diese weitreichende Konsequenz gezogen, wohl aber etliche seiner Kollegen. Es sind, wie es der Frankfurter Hirnforscher Wolf Singer (in Geyer 2004) formulierte, die „Verschaltungen in unserem Hirn", die unser Verhalten festlegen. Wir wären somit durch Hirnprozesse determiniert. Infolgedessen scheint es die einzige angemessene Konsequenz zu sein, Freiheit als eine Illusion zu begreifen.

Damit ist der Ausgangspunkt der zeitgenössischen Debatte markiert. Wo ein Schriftsteller des 20. Jahrhunderts eine seiner Romanfiguren erwägen lässt, ob wir nicht „in Wirklichkeit aufrecht stehende Säcke voller Eingeweide sind" (Updike 1956, 131), da empfinden wir einen Minimaleinsatz für ein geistiges Selbstverständnis als eine Trivialität: Der Mensch lässt sich schließlich nicht auf seine Physiologie reduzieren! Wirklich nicht? Wenn die reduktionistische Argumentation sich auf ein höher gelegenes Organ oder auf die DNS bezieht, fällt der Einspruch vielen ungleich schwerer: Angesichts der Befunde der zeitgenössischen Hirnforschung und ihrer Ausdeutung durch die kühnsten ihrer Protagonisten, die uns den freien Willen absprechen wollen, weil wir ein Gehirn haben, zeigen sich auch die Erwachsenen unter den Zeitgenossen so irritiert wie das jugendliche Publikum des Kultfilms „Matrix" angesichts jener mythischen Verschwörungsfiktion, die uns die totale Manipulation auf der Basis einer weltweiten Software suggerieren wollte.

Als Personen haben wir davon auszugehen, dass wir ohne die Zuschreibung von Verantwortung für unser Tun und Lassen nicht auskommen. Nach unserer geläufigen Intuition wäre das ohne die Unterstellung von Freiheit nicht möglich. Lässt sich an den rationalen Ansprüchen, die wir an uns selbst und an Andere stellen, ohne diese Unterstellung festhalten? Freiheit ist das Element unseres humanen Selbstverständnisses. Keiner der Ansprüche, die uns in diesem Selbstverständnis wichtig sind, ließe sich aufrechterhalten ohne die Annahme von Freiheit. Wir müssen aber auch davon ausgehen, dass sich die Einwände gegen die Annahme von Freiheit nicht einfach wie lästige Fliegen verscheuchen lassen.

Wenn wir uns mitsamt unserem Anspruch auf sinnvolle selbstbestimmte Praxis nicht aufgeben wollen, müssen wir uns zutrauen, solche Einwände zu entkräften und der Freiheit dabei, so gut wir es können, einen Ort im Ganzen der natürlichen und gesellschaftlichen Welt zuweisen. Es kann nicht geleugnet werden, dass der Mensch eingebunden ist in natürliche und soziale Prozesse – es muss begriffen und anerkannt werden. Wir müssen sehen, was von den Argumenten zu halten ist, die von Hirnforschern – wie zuvor von Sozialdeterministen – vorgebracht werden und die darauf hinauslaufen, dass Freiheit eine Illusion – oder: bloß ein schönes Gefühl wäre. Zu fragen ist jedoch auch: Ist eigentlich jemals ein Freiheitskämpfer oder ein Freiheitsdenker so aufgetreten, als wäre Freiheit gleichbedeutend mit sozialer Bindungslosigkeit, mit der Unabhängigkeit von den physikalischen Naturgesetzen, gar mit der prinzipiellen Möglichkeit, auf die Leistungen des Gehirns zu verzichten?

Was ist die Freiheit, die wir meinen?

Was wir meinen, wenn wir von Freiheit sprechen, versteht sich keineswegs von selbst. Das zeigt sich auch daran, dass unter Freiheit durchaus Unterschiedliches verstanden wird. Ist es eine Beschränkung meiner Freiheit, womöglich ein Einwand gegen ihre Annahme, dass ich im laufenden Semester zu den Zeiten meiner Lehrveranstaltungen keine Verabredungen mit Freunden treffen, keine Vorträge auswärtiger Gelehrter hören, keine Termine mit Kollegen machen kann? Sind die Verpflichtungen, die sich aus meinen beruflichen Lebensbedingungen ergeben, ein Ausdruck meiner Unfreiheit? – Ist es mehr als eine Redensart, wenn ein Mensch nach seiner Scheidung ausruft: „Endlich wieder frei!"? War er, während er verheiratet war, kein freier Mensch? Und – Glück oder Unglück einmal außer Acht gelassen: Bin ich, wenn ich mein Leben in einer Liebesbeziehung unter den Anspruch auf Treue stelle, an den ich mich im Zweifelsfall gebunden fühle, in dieser Hinsicht unfrei? – Wenn ich erpresst werde, etwas zu tun, das ich nicht will, oder etwas nicht zu tun, das ich will, bin ich dann nicht frei? – Die physikalischen Gesetze der Schwerkraft machen mir klar, dass und warum ich – selbst wenn ich es noch so gern möchte – nicht an der Wand hochgehen kann. Habe ich Recht, mich deshalb für unfrei zu halten? – Wenn ich bei jedem Besuch in meinem Lieblingsrestaurant dasselbe Gericht bestelle und an Abwechslung nicht das geringste Interesse habe: Ist das ein Zeichen dafür, dass die Freiheit des Willens eine Illusion ist?

Jedem Einzelnen werden weitere Beispiele einfallen, die uns nötigen, unseren Begriff von Freiheit zu bedenken und zu präzisieren. Hängt Freiheit daran, zu jedem Zeitpunkt meines Lebens ganz neu und anders sein zu können, oder besteht sie darin, die Person zu bleiben, die ich nach reiflicher Überlegung sein will? Liegt sie in der völligen Beliebigkeit meiner Wahl, oder reicht es, um frei zu sein, dass ich auch anders handeln kann? Ist es mit meiner Freiheit schlechthin vorbei, wenn ich mit meinen Absichten auf äußere Hindernisse stoße? Gibt es innere Hindernisse der Freiheit, die ähnlich dramatische Einschränkungen mit sich führen wie äußere? Hier sei in Aussicht gestellt, dass der Begriff von Freiheit in den Überlegungen des 3. Kapitels hinreichend qualifiziert und differenziert werden soll, um deutlich zu machen, dass die Antwort auf die Fragen, die mit den genannten Beispielen aufgeworfen sind, in allen Fällen lautet: Nein, hier liegen keine ernsthaften Einwände gegen die grundsätzliche Unterstellung von Freiheit vor!

Gedankenfreiheit

„Die Gedanken sind frei", heißt es in einem bekannten Volkslied, das seit Ende des 19. Jahrhunderts im „Deutschen Liederhort" dokumentiert ist. Den Satz „Thought is free" finden wir bereits in Shakespeares „Sturm" (III, 22). Als beschreibende Aussage ist dies so zu verstehen: Das Denken ist der autoritären äußeren Kontrolle und Verfügung durch andere – sei es durch Mitmenschen oder die ‚Obrigkeit' – enthoben. Es kann einer in dem Maße, in dem er über Mittel der Durchsetzung verfügt, zwar meine praktischen Handlungsmöglichkeiten einschränken – und dazu gehört auch, dass er mir das Wort entziehen, den Mund verbieten oder mich zum Schweigen bringen kann –, aber was ich mir denke, darauf hat er keinen Zugriff. Vorausgesetzt nur, dass das, was in mir vorgeht, den Begriff „denken" verdient: Wie brisant für den Anspruch auf Selbständigkeit die Verfügung über das ist, was sich nur in solcher eigenen Verfügung als Gedanke qualifiziert, können die Erfahrungen des 20. Jahrhunderts mit demagogischer Meinungsmache und Formen der Gehirnwäsche in totalitären Regimen wie mit Entmündigung durch Drogenabhängigkeit und massenmediale Manipulation der Wünsche ins Bewusstsein bringen.

„Geben Sie Gedankenfreiheit!", verlangt der Marquis Posa in Schillers Drama „Don Carlos" (III, 10) vom spanischen König. Haben wir hier ein Paradox des Freiheitsbegriffs? Wie kann einer etwas fordern, wie in diesem Falle von einer Autorität, das doch ohnehin gegeben ist? Sind die Gedanken nun frei, oder sind sie es nicht? Wenn sie es sind, dann ergibt es keinen Sinn, an einen Herrscher zu appellieren, er möge Gedankenfreiheit „geben"; sind sie es nicht, dann ist sehr zu bezweifeln, ob sie es dadurch werden, dass ein anderer uns Gedankenfreiheit „gibt": Schließlich sind Gedanken etwas, das sich jeder *selber* machen muss, und diese Selbsttätigkeit können wir uns allenfalls satirisch so vorstellen, dass wir damit brav abwarten, bis uns ein Anderer die Lizenz dazu erteilt. Schillers Marquis Posa meint mit der *Gedankenfreiheit* natürlich das Recht, seine Gedanken unzensiert zu *äußern* – also etwas, das über das bloße Denken bereits hinausgeht. „Geben Sie Gedankenfreiheit!" Das soll heißen: Geben Sie das Recht auf freie Meinungs*äußerung*.

Willensfreiheit und Handlungsfreiheit

Ein Unterschied, auf den – obwohl er in vielen Fällen gegenstandslos
bleibt – viele Freiheitsdenker der Tradition und der Gegenwart wert
legen, ist der zwischen Willensfreiheit und Handlungsfreiheit. Was bedeutet diese Unterscheidung? Warum ist sie wichtig?

Wo wir im alltäglichen und politischen Leben durchweg Handlungsfreiheit meinen, ist *in philosophischen Debatten,* wenn wir uns über ihre
Begründung, ihre Ziele, ihre Einschränkungen, über ihre Möglichkeit
und Unmöglichkeit streiten, die *Freiheit des Willens* gemeint, wie sie sich
im praktischen Vollzug des individuellen Handelns Geltung verschafft.
Ich bin frei, sofern nicht der äußere Zwang, der von gewaltsamen Einschränkungen durch Andere auf mich wirkt, mich an der Durchsetzung
meiner Ansprüche hindert oder die Naturgesetze durch innere oder
äußere Determination mein Handeln festlegen. Ich bin frei, indem ich
mich in meinem Handeln selbst bestimmen kann. In der konditionalen
Bestimmung „sofern nicht" ist allerdings bereits der Unterschied zwischen Willensfreiheit und Handlungsfreiheit markiert. Es kann sein,
dass ich – etwa in redlicher und erfolgreicher Auseinandersetzung mit
den Gegenargumenten der Hirnphysiologen oder der Soziologen – zu
dem Ergebnis komme, dass ich mit guten Gründen weiterhin von der
Freiheit meines Willens ausgehen darf. Meine grundsätzliche Fähigkeit,
mich aus eigener Einsicht und aus eigenen Motiven selbst zu bestimmen, sei unbestritten. Selbst wenn dies zweifelsfrei gilt, kann es trotzdem sein, dass ich meine Einsichten und Motive nicht in die Tat umsetzen kann, weil zum Beispiel jemand die Tür, durch die ich gehen müsste,
um dies zu tun, abgeschlossen hat. Ein Gefangener ist nicht „auf freiem
Fuß" – eine kluge Metapher, die den Verlust der bürgerlichen Freiheiten
durch die Haftstrafe in der anschaulichen Vorstellung exemplifiziert,
dass einer nicht *die Freiheit* hat, *zu gehen, wohin er will.* Er kann sich
nicht nach Belieben in der Welt, in der Öffentlichkeit bewegen.

Damit ist eine andere Einschränkung von Freiheit gemeint als die,
welche bei der Bestreitung von Freiheit als einer bloßen Illusion durch
den Vertreter des wissenschaftlichen Physikalisten zur Disposition
steht. Die Freiheit des Willens – verstanden als die Fähigkeit, sich in
einsichtigem Denken über seine Motive klar zu werden und denjenigen
unter ihnen den Vorzug zu geben, für die sich gute Gründe anführen
lassen – ist gar nicht berührt bei der äußeren Beschränkung der Freiheit durch die verschlossene Tür oder die Haftstrafe. Die Freiheit, sich

zu überlegen, wie er seine Lage verbessern kann, hat auch der Inhaftierte im Gefängnis, und gewiss ist er frei, sich nach seiner Einsicht zu richten: Er kann in den Hungerstreik treten; er kann einen Ausbruchsversuch unternehmen; er kann sich bemühen, wegen guter Führung vorzeitig entlassen zu werden; er kann alle Hebel in Bewegung setzen für eine Revision seines Verfahrens oder eine Begnadigung. Er setzt damit auf jeden Fall auf den Unterschied zwischen Handlungsfreiheit und Willensfreiheit – einer Willensfreiheit, die freilich, wie sich an den Beispielen verdeutlichen lässt, in der Konsequenz auf irgendeine Form von Handlungsfreiheit hinausläuft.

Wir haben gesagt: Die Freiheit, die wir meinen, ist nach philosophischem Verständnis die Freiheit des Willens, wie sie sich im praktischen Vollzug des individuellen Handelns Geltung verschafft. Damit ist auch gemeint, dass wir in vielen Fällen nicht genötigt sind, diesen Unterschied zu machen, sondern im Gegenteil eine natürliche Verbindung von Willensfreiheit und Handlungsfreiheit unterstellen: In jeder gelingenden Handlung kongruieren Willensfreiheit und Handlungsfreiheit. Wenn wir der Handlung in ihrem Vollzug im ernsthaften Sinne Freiheit zusprechen, dann geht die Willensfreiheit darin auf. Das Umgekehrte gilt nicht: Mit der Willensfreiheit ist die Handlungsfreiheit noch keineswegs garantiert – weil der Wille frei sein kann und dabei dem Handeln doch äußere Hindernisse im Weg stehen können. Wir können diesen Zusammenhang vorläufig so bestimmen, dass Willensfreiheit die notwendige, aber noch nicht hinreichende Bedingung für Handlungsfreiheit ist – und wir haben in dieser Verhältnisbestimmung den entscheidenden Hinweis, wieso die Freiheit des Willens das eigentliche Problem darstellt (siehe Kapitel 3, 72ff.).

Die klassische(n) Position(en) zur Willensfreiheit

Das damit umrissene Freiheitsverständnis bildet die Szene für das Drama der gegenwärtigen Auseinandersetzung. Ihren Auftritt haben drei Hauptfiguren: der *Determinist*, der Freiheit bestreitet, weil er von der lückenlosen Determination durch naturgesetzliche Zusammenhänge überzeugt ist; der *Perspektiven-Dualist*, der Freiheit und Determination gleichermaßen für gegeben und für vereinbar hält; schließlich der *Integrationist*, der Freiheit und Naturgesetzlichkeit für vereinbar hält und die Freiheit als einen Bestandteil der Natur verteidigt.

Durch die in diesen Begriffen vorgeschlagene Dreiteilung ist eine schwierige Diskussionslage bereits beträchtlich vereinfacht. In der Diskussion ist mit Blick auf die Vereinbarkeit von Willensfreiheit und Naturdetermination die Rede von „Inkompatibilismus" und „Kompatibilismus", und die Zuordnung der Positionen zu den Etiketten ist nicht frei von Umständlichkeiten, da man zum Inkompatibilisten sowohl als Determinist wie als Indeterminist und Freiheitsverteidiger werden kann: Der Protagonist des Inkompatibilismus ist *prima facie* durch die Überzeugung ausgezeichnet, dass Determination und Willensfreiheit jedenfalls nicht zusammen bestehen können.

Der *Inkompatibilist unter den Freiheitskämpfern* hält die Freiheit für gewährleistet, weil die naturgesetzliche Determination, in der er tatsächlich das Moment der Freiheitsbeschränkung anerkennt, nach seiner Einschätzung nicht lückenlos ist, sondern allenfalls in stationären Determinismen besteht, deren lockeres Muster genügend Freiraum für ein auf Gründe gestütztes Handeln lässt. Der *Integrationist*, der einen *Naturalismus ohne Reduktionismus* vertritt, kann dem Inkompatibilisten großzügig konzedieren, dass Freiheit nicht zu retten wäre, wenn die Determination als durchgängig nachgewiesen werden könnte. Doch nach seinen Einsichten in die Eigenart des Lebens ist im Gegenteil Freiheit in der lebendigen Natur angelegt, und zwar darin, dass schon das Leben der Arten bis hinunter zum Einzeller markante Formen der Nutzung von Spielräumen der Entscheidung ausprägt (siehe Neuweiler 2008; exemplarisch Heisenberg in Heilinger 2007, 23ff.).

Der *Kompatibilist* hingegen traut sich zu, diese Freiheit unbeschadet jeder naturgesetzlichen Determination zu behaupten: Er hält sie – als *Perspektiven-Dualist* – selbst mit einem durchgängigen Determinismus, wenn denn ein solcher nachgewiesen werden könnte, für vereinbar. Denn ihr Geltungsanspruch liegt nach seiner Einschätzung auf einer Ebene, die für die naturgesetzliche Determination unerreichbar ist: auf der Ebene des Selbstverständnisses, das sich im Denken und Handeln zwangsläufig rechtfertigt und auf das sich eine Wirklichkeit eigenen Rechts gründet.

Gegen diesen starken Anspruch hält jedoch der Extremist unter den Neurobiologen, der den *Inkompatibilismus* in der Form des Determinismus vertritt, dass es sich hier nur um eine Illusion handeln könne. Als naturgesetzlich bestimmtes Lebewesen bin ich nicht frei, allenfalls *fühle* ich mich frei. Selbst wenn es so wäre, wäre bis auf Weiteres noch nicht ausgemacht, welchen Status und welchen Aufschlusswert wir dem damit ins Spiel gebrachten Gefühl von Freiheit beizumessen haben. Was mag ein solches Gefühl *bedeuten*? Welche Funktion könnte es haben? Und schließlich: Wie ist es möglich? Wieso leistet sich die Natur in ihren hoch entwickelten Lebewesen ein solches Gefühl? Es sieht nicht so aus, als ließe sich jede weitere Diskussion wie durch ein diplomatisches Machtwort erledigen.

Zur Klassizität der Willensbestreitung

Wir sollten das zeitgenössische Drama unserer Auseinandersetzung um die Freiheit nicht überschätzen: So singulär, wie manche meinen, ist es nicht. „Man fühlt sich ins 19. Jahrhundert zurückversetzt", so kommentiert Jürgen Habermas (2004, 871) die Debatte im Anschluss an die neurophysiologische Bestreitung der Willensfreiheit; im Blick auf die damals florierenden „reduktionistische[n] Forschungsstrategien", die sich zum Ziel setzten, „mentale Vorgänge allein aus beobachtbaren physiologischen Bedingungen zu erklären", verstehen wir, was er meint. Doch er greift damit längst nicht weit genug zurück in die Geschichte. Die Auseinandersetzung um die Freiheit des Willens tobt seit der Antike – immer auf der Grundlage des jeweils erreichten Standes der Wissenschaften und *immer* unter besonders intensivem Einsatz philosophischer Reflexion. Mit der Atomistik Epikurs und der Kosmologie der Stoiker setzt auf der Grundlage eines unbezweifelten Determinismus die Bemühung ein, die Vereinbarkeit eines auf freiem Willen beruhenden Handelns mit den ausnahmslos wirkenden Naturgesetzen (oder mit dem, was man Schicksal nannte) zu verteidigen – ein philosophischer Dualismus, den wir um den Preis eines sprachlichen Anachronismus als *Kompatibilismus* bezeichnen dürfen.

Hannah Arendt hat kurzerhand die Willensfreiheit für eine christliche Erfindung erklärt: zum fragwürdigen Ertrag einer Innerlichkeit, die zur Abwertung der Sphäre politischen Handelns entscheidend beigetragen habe. Immer wieder ist in ähnlichen Konstruktionen bestritten worden, dass die Antike den freien Willen kannte. Im gleichen Zuge wurde betont, dass das antike Freiheitsdenken sich im Begriff der *eleutheria* auf die politische Sphäre, mithin auf einen herausgehobenen Bereich der Handlungsfreiheit beschränkt habe. Die Griechen und Römer: Sollen wir annehmen, sie hätten all das, was sie taten und erreichten, nicht wollen können?

Als Indiz wird das Fehlen eines eigenen Terminus für das angeführt, was in der Neuzeit als „Wille" behandelt wird. Vor dem Rückfall in eine begriffsrealistische Position, der hier wie überall dort droht, wo Begriffsgeschichte ausschließlich als Wortgeschichte und nicht auch als Problemgeschichte verstanden wird, ist freilich zu warnen. Grundsätzlich müssen wir uns historisch wie systematisch zutrauen, ein Problem auch dort zu identifizieren, wo (noch) nicht der geläufige Terminus dafür geprägt ist; wir müssen uns zutrauen, den Begriff einer Sache unter verschiedenen sprachlichen Ausdrücken wiederzuerkennen. Die genaue Nachfrage führt hier denn auch zu einem differenzierteren Bild (siehe Frede, Jedan, Hossenfelder, Forschner in Heiden / Schneider 2007). Exemplarisch sei hier daran erinnert, dass ein Denker wie Seneca seiner konsiliatorischen Ethik die Form eines Dauerexerzitiums zur Einübung in die tugendhafte Haltung gegeben hat. An stoischen Reflexionen anhand von militärischen Metaphern, die uns raten, uns vor den Geschossen des Schicksals durch kaltblütiges Agieren in Sicherheit zu bringen, unter Formeln tapferer Gefasstheit angesichts von schweren Verlusten wie „Omnia mea mecum porto" („Alles Meinige trage ich bei mir"), fällt der Charakter der Willensdeliberation geradezu ins Auge (siehe Kapitel 3, 72f.). Möglich waren sie mitten im Glauben an die kosmische Determination durch das Fatum.

Metaphysische wie skeptische und positivistische, aus dem Glauben wie aus dem Wissen motivierte Einwände gegen die Annahme von Freiheit begleiten das Freiheitsdenken von Anbeginn. Die gegenwärtige Zurückweisung des Freiheitsanspruchs mit Berufung auf die Befunde der Hirnforschung gibt dafür nicht das erste, sondern nur das neueste Beispiel. Wenn Freiheit sich immer auf die Freiheit des Denkens als ihr Element stützt (siehe Kapitel 3, 76ff.), dann ist es geboten, dass wir uns in der Auseinandersetzung auch die Freiheit nehmen, die im distanzierenden Überblick über ein Problem zu gewinnen ist. Es kann nur sinnvoll sein, ja: es mag durch die Entdramatisierung unserer gegenwärtigen Debatten etwas Befreiendes haben, sich *die* Bestreitungen von Freiheit anzusehen, mit denen sich die Zeitgenossen früherer Epochen auseinanderzusetzen hatten: Wir sind nicht die Ersten, denen Freiheitsskeptiker und Unfreiheitsdogmatiker die Freiheit ausreden wollen.

Entsprechend soll dieser Band den Begriff der Freiheit – seine Bestreitung und Behauptung, seine theoretische Kontextualisierung, seine

Bestimmung, seine Dimensionen – nicht nur systematisch, sondern zunächst historisch in der Darstellung markanter Positionen exponieren. Der erste Schwerpunkt liegt auf der Erörterung repräsentativer Stationen in der Geschichte der Bestreitung von Willensfreiheit, mit der die Einordnung des Freiheitsbegriffs in die Determinismen unterschiedlicher Provenienz erfolgt. Im Interesse an exemplarischer Auseinandersetzung ist das Augenmerk auf solche Ansätze gerichtet, die über die philosophische Theorienfolge hinaus auf ein breiteres Publikum gewirkt haben (Kapitel 1).

Als maßgeblich für die neuzeitliche und moderne Verteidigung der Freiheitsidee auf der Grundlage der Anerkenntnis der naturwissenschaftlich behaupteten Kausaldetermination wird daraufhin der Perspektiven-Dualismus Immanuel Kants erörtert, der – als Modell jeden methodisch reflektierten Kompatibilismus – bis in die Auseinandersetzungen der Gegenwart ein *locus classicus* des Freiheitsdenkens geblieben ist (Kapitel 2).

Dann gilt es eine Reihe von Fragen zum Begriff der Freiheit zu beantworten: Was ist Freiheit? Worin besteht sie? Welches Kriterium der Freiheit kann standhalten? Welche Formen nimmt sie an? (Kapitel 3)

Schließlich: In welchen Dimensionen bewegt sie sich? Die Kultur als die objektive Welt, in der die Menschen sich orientieren und ihren Zwecken dauernde Form verschaffen, das rechtlich gesicherte politische Leben sowie die Kunst als exemplarische Sphäre einer autonomen geistigen Auseinandersetzung sollen hier abschließend als die Sphären eines autonomen Selbstverständnisses bedacht werden (Kapitel 4).

Die entscheidende Frage bleibt dabei: Dürfen wir mit guten Gründen annehmen, dass wir frei sind? Dass die Freiheit des Willens hier nicht bewiesen werden kann und soll, versteht sich von selbst. Angesichts ihres „ätherischen" und gleichermaßen praktischen Charakters haben wir davon auszugehen, dass sie – ebenso wie die Tatsache, dass wir überhaupt einen Willen haben – grundsätzlich nicht zu *beweisen* ist. Doch sie kann sich *erweisen*, wie der Rekurs auf die Tradition des Freiheitsdenkens zeigt. Wenn das Fürwahrhalten auf der Basis guter Gründe irgendwo seinen legitimen Ort hat, dann in der Frage nach der Freiheit. Die abschließende Reflexion führt denn auch zu einem „pragmatischen Beschluss": Wir sollten die Bestreitung der Freiheit gelassen zur Kenntnis nehmen (Kapitel 5).

Freiheit im Profil

1

Die Bestreitung der Freiheit: Theologischer, soziologischer, psychologischer und neuronaler Determinismus

In diesem Kapitel werden exemplarische Stationen in der Geschichte der Bestreitung von Willensfreiheit diskutiert. Die meisten der hier behandelten Denker haben sich in der Konsequenz des Determinismus zu einer perspektivendualistischen Alternative veranlasst gesehen.

Der Kirchenvater Augustinus formuliert eine für die christliche Welt maßgebliche Lehre: Er sieht im theologischen Interesse an der alleinigen Verantwortung des Menschen für das Böse in der Welt die Notwendigkeit, die Freiheit des Menschen bei gleichzeitiger Vorherbestimmung aller seiner Entscheidungen zu behaupten. Der Humanist Erasmus von Rotterdam führt gegen die paradoxe Bestreitung der Freiheit in Martin Luthers Konzeption der Freiheit eines Christenmenschen die Autorität der Bibel mit ihren zahlreichen Belegen für die Freiheit an; er muss sich von dem streitbaren Reformator entgegnen lassen, dass er alles falsch verstanden habe und dass der freie Wille des Menschen nichts sei. Arthur Schopenhauer behauptet in seiner metaphysischen Psychologie die ausnahmslose kausale Determination des Willens durch Motive und durch den Charakter des Menschen. Friedrich Nietzsche sucht die Idee der Freiheit tiefenpsychologisch und ideologiekritisch als Mittel einer Doppelstrategie der Manipulation zu entlarven. Sigmund Freud sieht den Menschen als reines Triebwesen und schätzt die Behauptung des freien Willens als psychisches Ablenkungsmanöver ein. Zuvor hatte schon Karl Marx das menschliche Bewusstsein protosoziologisch aus dem „Sein" der ökonomischen Verhältnisse hergeleitet und damit in der Sache für nichtig erklärt. Neurophysiologisch wird schließlich im Anschluss an Benjamin

*Libets Laborversuche das Bewusstsein als bloße Folge von Hirn-
aktivitäten begriffen und seine Ursächlichkeit an den Willensentscheidungen bestritten.*

Der theologische Determinismus

Gottes Wille geschehe: Augustinus

Aurelius Augustinus (354–430) lässt in seiner Schrift „De libero arbitrio" („Vom freien Willen"; 388–395) zwei Personen über das Problem
des freien Willens diskutieren: Euodius (dt.: der Gutwillige) und der
Autor Augustinus erörtern den freien Willen als theologisches Problem. Die grundlegende Frage lautet: *Wenn wir als Gottes Geschöpfe
durch seine Vorsehung bestimmt sind, wie können wir dann zugleich frei
sein?* Werden wir nicht, sofern wir uns als Kinder Gottes verstehen,
zwangsläufig zu seinen Marionetten? Mit Blick auf die Allmacht Gottes
scheint dies zwingend zu sein, doch angesichts der Konsequenzen zeigt
sich, dass darin eine theologische Zumutung liegt: Wären wir nur die
ausführenden Organe des göttlichen Willens, dann wäre Gott auch für
das Böse unserer schlechten Taten verantwortlich. Es wäre Gott, der
uns nötigte, schlecht zu handeln. Durch den Begriff und die Prädikate
Gottes als eines vollkommenen Wesens steht von vornherein fest, dass
diese Auffassung nicht akzeptabel ist. Die Verantwortung für das Böse
kann nur beim Menschen liegen, der das Böse tut. Er kann dafür aber
nur dann verantwortlich gemacht werden, wenn er eine Alternative
hat. Ihm diese Wahl zu lassen bedeutet nichts anderes, als ihm seine
Taten anzurechnen, und das setzt voraus, ihn für frei zu halten. *Wir
müssen also davon ausgehen, dass der Mensch einen freien Willen hat.*

Es stellt sich dann die Frage, wie die Freiheit des Menschen mit Gottes Allmacht zu vereinbaren ist. Zwar sind wir Gottes Geschöpfe – und
doch müssen wir uns als frei begreifen.

Eine erste Lösung sieht Augustinus darin, dass Gott uns eben genau
so gewollt und geschaffen hat: Er hat uns den freien Willen und damit
auch die Verantwortung für unser Handeln gegeben. Doch die beiden
Annahmen – das göttliche Vorherwissen und die Notwendigkeit, mit
der alles geschieht, auf der einen und die Freiheit unseres Willens auf
der anderen Seite – scheinen einander zu widersprechen. Augustinus
will daher beiden Seiten des Dilemmas gerecht werden. Einerseits

durch das begriffsanalytische Argument: Einen Willen zu haben, impliziert auch, über ihn zu verfügen. Für denjenigen, der den Willen hat, kann keine Rede davon sein, dass er in seinem Gebrauch nicht frei wäre. Andererseits durch den Hinweis auf den Charakter des Vorherwissens: Wenn einer voraussieht, wie ein Anderer handeln wird, *zwingt* er ihn nicht, so zu handeln – er *weiß* es lediglich. Das Argument operiert mit einem Reflexionsdualismus: Gottes Vorherwissen und meine Willensfreiheit widersprechen einander nicht, weil sie inkongruenten Perspektiven angehören.

Augustinus geht phänomenologisch von der Eigenart des Willens aus. Er versteht ihn als intentionale Strebung – als eine zielbewusste Ausrichtung auf das jeweils Gewollte. Aufschlussreich ist die These, dass nichts so leicht zu haben sei wie der gute Wille: „Denn was liegt so sehr in der Macht des Willens wie der Wille selbst?" (81; vgl. 89) Was Augustinus für den guten Willen geltend macht, birgt eine wichtige Implikation für die Frage nach der Freiheit des Willens: Zum Willen gehört die Eigenschaft der Selbstverfügung, sodass der Wille nicht allein über alles Mögliche außer ihm, sondern auch über sich selbst regiert. Überhaupt einen Willen zu haben, heißt bereits, über ihn zu verfügen. Augustinus spitzt das Argument der Verfügung durch den Einsatz des Possessivpronomens zu: „Was könnte ich sonst auch *mein* nennen, wenn der Wille, mit dem ich will oder nicht will, nicht *mein* ist?" (225; Hervorh. B. R.) Der Sinn des Hinweises erschließt sich in der Reflexion, nichts stehe so sehr in unserer Macht wie der Wille selbst: „denn er ist in uns ohne Zeitverlust, sobald wir nur wollen, zur Hand." (235) Zu wollen heißt demnach per se, über den Willen zu disponieren: Der Wille steht dem Wollenden uneingeschränkt zur Verfügung. Nichts anderes stehe in unserer Macht als „das, was uns beim Wollen zur Verfügung steht", so argumentiert Augustinus, immer auf den Begriff des Willens bezogen. „Deshalb wäre unser Wille kein Wille, stände er nicht in unserer Macht. Da er aber in unserer Macht steht, ist er unser freier Besitz." (237) Und so heißt es resolut: „daß wir nicht mit Willen wollen, könnte nur der Irrsinn behaupten." (235)

Wir dürfen dies nicht als die abwegige These von der Selbsterzeugung des Willens verstehen, sondern doch wohl so: Mit Blick auf Willensakte können wir uns klarmachen, dass das Wollen, der Wille in seiner Aktualität etwas Unmittelbares und damit: Ursprüngliches ist. Indem wir wollen, ist der Wille ohne Differenz zur Erlebniszeit des Wollenden präsent und wirksam: Er tritt auf als Moment des Selbstbewusstseins. Was Augustinus mit seinen Formulierungen umkreist, ist der Begriff der Spontaneität, der Selbsttätigkeit, der Ursprünglichkeit eines Strebens, das in der Aktualität seines Auftretens fraglos und unmittelbar als das gegeben ist, als was es auftritt: als eigene Regung. In diesem Sinne, dass uns im Wollen der Wille jeweils spontan zu Gebote steht, gilt: Der Wille ist unser freier Besitz. Der Akt des Wollens ist für Augustinus die *Evidenzbasis* für die Freiheit des Willens, weil es hier keine Lücke im Vollzug des Selbstbewusstseins und damit keinen Ansatz für Zweifel an der Präsenz des Willens als Wille des Wollenden gibt. Dass der Wille als aktueller Vollzug *ganz da, ganz unser Wille* ist, das dürfen wir auch so ausdrücken: *Wir haben einen freien Willen.* Wenn so der Willensakt als spontan verstanden wird, ist der Begriff der Freiheit analytisch bereits im Begriff des Willens enthalten, sodass die These vom freien Willen sich der phänomenologischen Analyse dessen erschließt, was im Begriff des Willens gemeint ist.

Augustinus verbindet damit sein *teleologisches Verständnis des freien Willens.* Der Wille ist uns verliehen worden, *damit* wir uns zum Guten bestimmen. Sein *Zweck* lässt sich im Rahmen einer theologischen Deutung der menschlichen Existenz eindeutig auf die Bestimmung zum Guten beziehen; da das Gute aber Gegenstand einer Bewertung ist, die ihren Sinn in der Beziehung auf die kontrastierende Gegenbewertung hat, muss der freie Wille, der sich zum Guten bestimmen kann (und soll), auch für die Bestimmung zum Bösen prinzipiell offen sein. Wenn wir den Willen zum Bösen gebrauchen, so missbrauchen wir ihn jedoch, und für diesen Missbrauch kann – *ceterum censeo* – nicht Gott verantwortlich gemacht werden (225).

Das begriffsanalytische Fazit dieser Passage lautet: Das Gute ist nur möglich, wenn auch das Böse möglich ist. Denn es bezieht seinen spezifischen Charakter als etwas Wertvolles (in diesem Falle: Verdienstliches) nur durch den Kontrast des gleichursprünglich möglichen Minderwertigen. Gleichsam aus der Perspektive Gottes gesprochen, ist das Böse somit im Interesse am Guten in Kauf zu nehmen. Es hinzunehmen, heißt aber nicht, dafür verantwortlich zu sein. Verantwortlich ist immer nur der, der etwas tut – denn er tut es nur aufgrund der Freiheit, durch die ihm sein Tun und Lassen zugerechnet werden kann (siehe Kapitel 3, 81 ff.). Mit Gottes Vorsehung aber ist dieses Ergebnis durch den Unterschied zwischen Vorherwissen und Nötigung vereinbar: Gott zwingt niemanden zum Sündigen (vgl. 241). Er *weiß* nur, wie wir handeln werden – wir selber *sind* es, die handeln.

Lehrreich ist bei allem Ungenügen einer aus dogmatischen Lehr-meinungen, analytischen Argumenten und Indizienbeweisen kom-ponierten Gedankenführung an Augustinus' Ansatz die deutliche Unterscheidung einander inkommensurabler Geltungsebenen: Gottes allumfassendes Vorwissen gilt für *Gott*; die Freiheit des Willens ist etwas, das nur aus dem *menschlichen Selbstverständnis* fassbar ist. Im Hinblick auf Letzteres spielt allein das eine Rolle, was wir im Blick auf Vorgänge in uns und Bedeutung für uns sagen können. Hier sind die wiederholten Hinweise auf den Unterschied zwischen guten (lobens-werten) und schlechten (tadelnswerten, strafwürdigen) Taten einschlä-gig, den wir aufgeben müssten, wenn wir nicht die Freiheit des Willens annähmen. Wir könnten dann einen Menschen für seine Taten weder loben noch tadeln, ja wir könnten ihn nicht einmal ermahnen: Unser Selbstverständnis, wie es sich im Umgang mit unseren Handlungen zeigt, macht somit die Annahme des freien Willens erforderlich (vgl. 225).

In seinem systematischen Wert nicht zu unterschätzen ist auch Augustinus' Argument der Verfügbarkeit des Willens für seinen ‚Be-sitzer'. Immer wieder einmal wird in der Diskussion um die Freiheit des Willens der Vorschlag gemacht, das Problem dadurch zu umgehen, dass man vom *eigenen* statt vom *freien* Willen spricht. Doch es sieht nur bei oberflächlicher Betrachtung so aus, als brächte die Ersetzung des metaphysisch belasteten Epithetons „frei" durch das harmlose Possessivpronomen eine Entschärfung des Problems. Denn was soll-ten wir mit dem Hinweis auf den eigenen Willen anderes meinen, als dass dieser Wille nicht besessen ist von fremden Mächten, dass also nichts und niemand darüber verfügt als allein „ich selber"? Der eigene Wille, insofern er nur demjenigen gehorcht, der ihn als ein jeweiliges Ich seinen eigenen nennt, ist nichts anderes als der freie Wille (siehe Bieri 2001). Augustinus hat als Erster für diese Einsicht argumentiert. Das Gleiche gilt für die Einsicht der reflexiven Spontaneität der Selbst-verfügung, in der eine Voraussetzung für das zu sehen ist, was heute in der viel beachteten Unterscheidung zwischen einem Wollen erster und einem Wollen zweiter Stufe diskutiert wird (siehe Frankfurt 1971 und 1988).

Mit der Argumentation des Augustinus haben wir das Muster der Auseinandersetzung, das über die Jahrhunderte des christlichen Zeit-alters hinweg in Kraft bleiben sollte. Unbeschadet der Tatsache, dass Augustinus seine frühe Position später zugunsten einer die Freiheit radikal bestreitenden Prädestinationslehre aufgibt, setzen sich die Denker des Mittelalters und der frühen Neuzeit in immer neuen Variationen nach dem hier präparierten Schema mit dem Problem der Vereinbarkeit von göttlicher Allmacht und menschlicher Willensfreiheit auseinander.

Der freie Wille und Gottes Gnade: Erasmus versus Luther

Der humanistische Gelehrte Erasmus von Rotterdam (≈1469–1536), den Wilhelm Dilthey den Voltaire des 16. Jahrhunderts genannt hat, argumentiert in seiner Schrift „De libero arbitrio" („Über den freien Willen"; 1524) gegen die von Luther bereits 1520 vertretene Auffassung, dass der freie Wille des Menschen eine Illusion, ein leerer, irreführender Begriff wäre und dass alles, was der Mensch tut, sich nur durch die Notwendigkeit erklären ließe, die durch Gottes Gnade oder Ungnade gesetzt sei.

Nach Erasmus' Auffassung verfügt der Mensch über den freien Willen, sich zwischen Gut und Böse zu entscheiden. Und er hat ihn von Gott, „der den freien Willen geschaffen und wiederhergestellt hat". (Erasmus 1524, 41) Erasmus begreift den freien Willen, der aus der Vernunft, genauer: „aus einem Verstandesurteil" (63) entsteht, als „Kraft des Wollens", durch die sich der Mensch dem zukehren oder von dem abwenden kann, was zum Heil führt (37): Mithilfe des Willens „erwählen" (41) wir oder lehnen wir ab. Weit entfernt, diesen freien Willen als absolut zu setzen, legt Erasmus im Gegenteil Wert darauf, ihn einzubinden in das Bedingungsgefüge der göttlichen Allmacht und Vorsehung, indem er eine differenzierte Lehre von den Formen der Gnade vertritt, von der wir abhängen und innerhalb derer der freie Wille eine begrenzte Funktion der Mitwirkung hat – eine Funktion allerdings, auf die auch nicht verzichtet werden kann, wenn wir menschliches Handeln nicht als Automatismus verkennen wollen. Diese Abwägung zwischen Abhängigkeit und Freiheit, den „Synergismus von Gnade und Willensfreiheit" (Welzig in Erasmus 1524, XIII), wie es in der theologischen Literatur genannt wird, wird Luther ihm in seiner Antwort als Inkonsistenz ankreiden. Es ist die Inkonsistenz eines Dualismus der Perspektiven, die Luther, der orthodoxe Determinist der göttlichen Vorsehung, ahndet. Er vertritt demgegenüber radikal, aber am Ende auch nicht gerade konsequent, die „Monergie der Gnade" (XVI).

Erasmus entwickelt seine philosophische Position in einer doppelten Methode der Argumentation: generell im philologischen Bezug auf die Bibel als unbezweifelte Autorität; im Einzelnen durch begriffsanalytische Erörterungen. Er insistiert dabei auf Konsequenz im logischen, semantischen und pragmatischen Verständnis der Sprache, die das Wort Gottes in der Heiligen Schrift spricht. Er führt – nacheinander aus dem Alten und dem Neuen Testament – eine Fülle von Stellen an, in denen vom Sündigen, vom Wählen und Verfehlen des Guten und Richtigen, von Aufforderungen Gottes an den Menschen, von der Befolgung eines Befehls oder eines Gesetzes, von der Anrechnung der Taten eines Menschen durch Gott, von Lohn und Strafe die Rede ist. Indem er generell die logische und semantische Konsequenz einklagt, die sich auf den Gebrauch unserer Handlungsbegriffe ebenso wie auf die Konsistenz des Gottesbegriffs zu beziehen habe, argumentiert Erasmus aus dem Selbstverständnis des denkenden und handelnden Menschen – denn diese Schriftstellen artikulieren das normative Selbstverständnis der Menschen, die sich in Geboten, Verboten, Lob und Tadel des Gottes ihre Orientierung geben.

Erasmus' Methode besteht in jedem dieser Fälle darin, die Formulierungen beim Wort zu nehmen. Das grundsätzliche Argument lautet: Es wäre widersinnig, derartige Ansprüche zu stellen, wenn feststünde, dass der Mensch, an den sie sich richten, außerstande wäre, ihnen zu genügen; es wäre widersinnig, Zurechnungen vorzunehmen, wenn der Mensch ein unzurechnungsfähiges Wesen wäre.

All die appellativen, die evaluativen und die normativen Sätze, die Sprechakte wie „Versprechen, Drohungen, Vorhaltungen, Vorwürfe, Beschwörungen, Segenssprüche und Verfluchungen", wie sie der Gott des Alten Testaments ergehen lässt (Erasmus 1524, 67), wären „sinnlos", wenn die in ihnen geltend gemachte Implikation nicht gelten sollte. Diese Implikation ist aber die des freien Willens. Denn es wird in vielen dieser sprachlichen Ausdrücke direkt die Fähigkeit zur Unterscheidung, zur Wahl, zur Entscheidung unterstellt, in anderen indirekt die Zurechnungsfähigkeit des Handelns. Und damit ist die Freiheit des Willens vorausgesetzt. Etwas davon haben wir bereits bei Augustinus in „De libero arbitrio" gefunden, wo dieser darauf hinweist, dass man die Menschen weder loben noch tadeln und auch nicht ermahnen dürfte, „[w]äre aber die Bewegung, womit der Wille sich hierhin oder dahin wendet, nicht freiwillig und in unsere Macht gegeben". (Augustinus 388, 225) In systematischer Ausführlichkeit bringt Erasmus diese

Einsicht zur Anwendung. „Lächerlich, wenn zu einem gesagt würde: ‚Wähle‘, der nicht die Macht besäße, sich hierhin und dorthin zu wenden" (Erasmus 1524, 61; vgl. 63), so kommentiert er Stellen wie Genesis 2,17, in denen der Gott dem Menschen mit der Entscheidung zwischen Gut und Böse die Wahl zwischen Leben und Tod anheimgibt. Was hier auf dem Spiel steht, ist erkennbar zuletzt die Glaubwürdigkeit Gottes: Wenn all diesen Worten ihr Geltungsanspruch bestritten werden müsste, wäre Gott in einen *Selbstwiderspruch* verwickelt.

Gegen die These, die Erasmus aus seinen Begriffsanalysen ableitet, protestiert Luther 1525 in seiner furiosen Gegenschrift „De servo arbitrio" („Daß der freie Wille nichts sei"). Luther legt den Finger in die Wunde der Konzeption: Er ahndet den Dualismus, den der Andere durch die Lehre von der Synergie von Freiheit und Gnade vertritt, als eine Unentschiedenheit, ja: als Widerspruch. Zuzugeben, „daß der Mensch ohne besondere Gnade das Gute nicht wollen kann" (Luther 1525, 84), ist für Luther gleichbedeutend mit der Einsicht, dass der Wille *nichts* vermag. Gegen den diplomatischen Versuch, dem Willen eine Mitwirkung im System der göttlichen Gnade zuzusprechen, macht Luther geltend, es herrsche allein (Gottes) Notwendigkeit: In der Vorsehung Gottes sei *dem Zufall* kein Raum gelassen. Es mag uns zwar etwas *so erscheinen*, „daß es anders sein könnte (*contingenter*)"; in Wirklichkeit jedoch geschieht ausnahmslos alles nach dem Willen Gottes „so, daß es nicht anders sein kann (*necessario*)." Diese Einsicht hat in seinen Augen vernichtende Wirkung: „Durch diesen Blitzschlag wird der freie Wille niedergestreckt und ganz vernichtet." (24) In der eigenen Ausdeutung lässt er keinen Zweifel an der Härte der Konsequenz, die aus seiner Theorie der Notwendigkeit zu ziehen ist: Sie läuft auf eine – von der späten Doktrin des Augustinus beeinflusste – Prädestinationslehre hinaus: Nicht durch eigenen Willen, durch Anstrengung, Bemühung, gutwillige Arbeit an sich selbst, sondern nur durch den Heiligen Geist, der – wie Luther in Erinnerung ruft – da weht, wo er will, kommt der Mensch zum Heil: „Es werden aber die Auserwählten und Frommen gebessert werden durch den Heiligen Geist, die übrigen werden ungebessert verloren gehen." (42) So lautet denn auch Luthers Quintessenz, dass mit Bezug auf den Menschen „der freie Wille ein leeres Wörtchen ist." (87)

Er hat damit bereits die beiden komplementären Ziele seiner Argumentation erreicht: 1. Der freie Wille ist „gänzlich ein göttlicher Name" und kann „keinem anderen zukommen [...] als allein der göttlichen

Majestät." Wenn man ihn dem Menschen beilegt, spricht man ihn als eine Gottheit an: „eine Gotteslästerung, wie sie größer nicht sein kann." (48) 2. Der Wille des Menschen ist nicht frei, sondern nichts.

Dass der freie Wille nichts sei, soll auch die berühmteste Stelle der Schrift veranschaulichen, in der die Unfreiheit des Menschen in der Metapher vom besessenen Lasttier ausgedrückt ist: Der menschliche Wille stünde in der Mitte zwischen zwei Reitern. „Wenn Gott darauf sitzt, will er und geht, wohin Gott will […] Wenn der Satan darauf sitzt, will er und geht, wohin Satan will. Und es liegt nicht in seiner freien Wahl, zu einem von beiden Reitern zu laufen und ihn zu suchen, sondern die Reiter selbst kämpfen darum, ihn festzuhalten und in Besitz zu nehmen." (46f.)

Der metaphysische Dualismus von Gott und Satan, von Gut und Böse bringt Luther freilich selbst in eine nicht geringe Schwierigkeit: Die systematisch geltend gemachte durchgängige Vorsehung und mit ihr die Notwendigkeit, in der wir stehen, ist damit empfindlich relativiert, die Konsistenz des gegen den Perspektiven-Dualisten Erasmus angeführten Monismus der einen notwendigen Welt ist zugunsten einer Zwei-Welten-Lehre preisgegeben. Nun sieht es so aus, als könne der Mensch hier, anders als Luther es ausdrücklich vertritt, auch für seine bösen Taten nicht verantwortlich sein: Wenn er entweder von Gott *oder vom Teufel* in Besitz genommen ist und die beiden „Reiter" um ihn kämpfen – was heißt das anderes, als dass *erstens* Gott zumindest den Willen eines anderen Kämpfers neben sich zulassen muss und dass *zweitens* der Mensch beiden gegenüber gleichermaßen willenlos und willfährig ist: „ein Knecht entweder des freien Willens Gottes oder des Willens Satans." (45f.; vgl. 22; 86) Offenkundig wird hier ein Manichäismus: Zwei Reiter, die um den Besitz eines Lasttieres kämpfen – das ist deutlicher als die Vorstellung, dass Gott vorsehenden Auges und willentlich die Einen begnadet und die Anderen dem Verderben überlässt.

Das Bild, das sich uns nach Luthers Zeichnung darstellt, ist das eines Willens, der weder frei ist, sich zum Guten zu bestimmen, noch frei zu sündigen: Wann immer es dem Menschen gelingt, sich zum Guten zu bestimmen, so geschieht dies allein durch Gottes Gnade. Der Entzug dieser Gnade aber setzt den Menschen noch nicht einmal frei, Böses zu tun, denn wenn er nicht im Besitz der göttlichen Gnade ist, dann ist er die Beute des Teufels. „Weder Gott noch Satan lassen ein bloßes und reines Wollen in uns zu." (86) Also weder zum Guten noch zum

Bösen frei, weder für das Gute noch für das Böse selbst verantwortlich ist der Mensch. Er kann dazu, dass ihm die Gnade zuteil wird, gemäß der Rechtfertigungslehre *sola fide*, die Luther mit der „Freiheit eines Christenmenschen" (1520) geltend macht, nur so viel beitragen, dass er sich in völliger Demut und Unterwerfung unter die Allmacht und Gnade Gottes begreift; ob dies nun aber immerhin auf einem Willensakt beruht, lässt der Text gnädig offen.

Eine Einschränkung freilich macht Luther in der Willensbestreitung: „daß dem Menschen der freie Wille nicht im Hinblick auf das, was höher, sondern nur auf das, was niedriger ist als er, zugestanden wird": So habe er im Hinblick auf sein Geld und seinen Besitz das Recht, „zu gebrauchen, zu tun, zu lassen nach freiem Willen", obwohl auch hier alles durch den freien Willen Gottes bestimmt werde. Luther verdeutlicht damit, dass wir „*Gott gegenüber* oder in Dingen, die sich auf Heil oder Verdammnis beziehen" (1525, 49; vgl. 22), keinen freien Willen hätten. Es ist nicht klar, was der damit getroffene Unterschied besagt. *Gott gegenüber* einen freien Willen zu haben, könnte eigentlich nur darin bestehen, dass dieser Wille nicht unter jener Notwendigkeit stünde, die wir nach Luther in der göttlichen Prädestination und Präscienz anzuerkennen haben und in der kein Zufall – das soll heißen: keine Ausnahme – zugelassen sei. Diesem Begriff zufolge wäre freilich jede Freiheit, auch die freie Verfügung über Geld und Besitz, eine Freiheit *Gott gegenüber*. Hat in einer Konzeption, in der die Freiheit Gottes ausnahmslos alles lenkt, der Unterschied zwischen einer Freiheit Gott gegenüber und irgendeiner anderen Freiheit überhaupt einen systematischen Ort? Die mangelnde begriffliche Präzision erlaubt es ebenso wenig, hierin mit Sicherheit die Unterscheidung zwischen Willensfreiheit und Handlungsfreiheit wie eine Minimalform des Kompatibilismus zu erkennen.

Der soziologische Determinismus

Das Sein bestimmt das Bewusstsein: Marx

Dass ähnlich wie Nietzsche sich auch Karl Marx (1818–1883) als Befreier der Menschheit sieht, ist schon früh belegt. Nicht nur hat er Prometheus, die mythische Symbolfigur des selbstbewussten, kreativ schaffenden, alles sich selbst verdankenden Menschen, als den „vornehmsten Heiligen und Märtyrer im philosophischen Kalender" (zit. n. Liessmann 1992, 21) bezeichnet – er hat ihn auch als sein Vorbild betrachtet. Es gibt eine Karikatur aus dem Jahr 1843 zum Verbot der „Rheinischen Zeitung", deren Chefredakteur Marx bis dato gewesen war: Sie zeigt ihn in der Gestalt eines fast nackt an die Druckerpresse geketteten Prometheus, von dessen Leber ein Adler frisst – gekrönt offenbar mit der preußischen Königskrone. Wenn Marx in seinen kritischen Schriften – als Journalist wie später als Privatgelehrter – von Freiheit spricht, so ist es die Stimme Rousseaus, die sich aus seinen Worten vernehmbar macht: „Der Mensch ist frei geboren, und überall liegt er in Ketten." (Rousseau 1762, 5) Beispielhaft wird hier das romantisch-idealistische Pathos einer politischen Aufbruchsstimmung. Nach Marxens Überzeugung liegt in der Freiheit das Wesen des Menschen. Gemeint ist stets die *politische Freiheit*, die nach seiner Einsicht selbst ihre Gegner in Anspruch nehmen, wenn sie sie bekämpfen (Marx 1842, 51).

Der in diesem Pathos der Freiheit zum Revolutionär gewordene Karl Marx vertritt in seiner späteren Lehre einen geschichtsphilosophischen Determinismus, dessen Kausalität er in der prägenden Kraft der ökonomischen Verhältnisse sieht. Ihm zufolge ist die Idee der *Willensfreiheit* nicht mehr als eine ideologische „Nebelbildung" im menschlichen Hirn. Dieser Determinismus bildet die theoretische Grundlage für die Reduktion geistiger Leistungen auf gesellschaftliche Verhältnisse, genauer: auf die Form des Wirtschaftens in einer Gesellschaft. Darin besteht die Grundidee des *dialektischen Materialismus*, den Marx zusammen mit Friedrich Engels (1820–1895) der Kritik der kapitalistischen Gesellschaft zugrunde legt. Ihre These vom notwendigen Zusammenbruch der alten Strukturen und von der revolutionären Entstehung der klassenlosen Gesellschaft des Kommunismus ist von der Überzeugung getragen, dass die gesellschaftliche „Basis" den „Überbau" bestimmt.

„Basis" sind die als elementar gedachten ökonomischen Verhältnisse, in denen die Menschen den „Stoffwechselprozess mit der Natur", das heißt die physische Befriedigung ihrer Bedürfnisse, durch Arbeit organisieren. Die Verfassung dieser Verhältnisse – Eigentum an Produktionsmitteln, Organisation der Arbeit, technische Produktivkräfte – vermittelt sich als Formbestimmung in alle übrigen gesellschaftlichen Bereiche; diese bilden somit den „Überbau", weil sie als abhängige Variable, als geprägte Form von den als Bedingung gedachten Basisverhältnissen bestimmt sind.

Was es mit dieser *Vermittlung* auf sich hat, sucht Marx in seinem Werk „Das Kapital" in der Analyse der kapitalistischen Produktionsweise zu exemplifizieren. Zu einer warenproduzierenden Gesellschaft gehört eine institutionalisierte Sphäre, in der die Warenproduzenten ihre Produkte gegeneinander tauschen und deren Eigendynamik Teil der Produktionsbedingungen ist: Die Menschen tragen nicht allein die Produkte ihrer Arbeit, sie tragen auch ihre Arbeitskraft als Ware zu Markte. Die effektive Berechenbarkeit der dabei realisierten Werte ist gewährleistet durch das allgemeine Tauschäquivalent des Geldes. Zur Entfremdung der Menschen von den Erzeugnissen ihrer Arbeit und voneinander trägt so nicht allein die ungleiche Verteilung von Eigentum bei; die verbindende und homogenisierende Wirkung des Geldes führt zur Abstraktheit der auf diese Weise vermittelten menschlichen Beziehungen: In der warenproduzierenden Gesellschaft werden schließlich alle menschlichen Beziehungen warenförmig.

Marx und Engels sind so frei, ihre in der „Deutschen Ideologie" (1845/46) skizzierte Lehre als eine Variante des Materialismus zu begreifen: In großzügiger Metaphorik werden hier die Organisationsformen des Wirtschaftens samt den Eigentumsverhältnissen als der *Stoff* begriffen, aus dem die menschliche Welt insgesamt gebildet wird: als die *Materie* des gleichsam daraus geformten *Geistes* einer Gesellschaft.

„Das Sein bestimmt das Bewusstsein" – in dieser prägnanten Formel findet sich der Gedanke in den Lehrbüchern des Marxismus. In der Fassung der beiden Autoren liest er sich so: „Das Bewußtsein kann nie etwas Andres sein als das bewußte Sein, und das Sein der Menschen ist ihr wirklicher Lebensprozeß." (Marx / Engels 1845/46, 26) Mit dem Lebensprozess, der so metaphysisch umfassend als das Sein ausgezeichnet wird, ist nichts anderes als die gesellschaftliche Organisation der ökonomischen Güterproduktion und ihres Austausches gemeint, als dessen „Ausfluss" das Bewusstsein bis in seine höchst entwickelten Formen zu begreifen sei. Die Pointe dieses Gedankens liegt darin, dass das Bewusstsein und mit ihm seine sämtlichen kulturellen Leistungen – von den Institutionen der Familie, des Rechtes, des Staates über Moral, Kunst und Wissenschaft bis zur Ideologie als dem System der leitenden Gedanken – von vornherein als „ein gesellschaftliches Produkt" begriffen wird (30f.). Insbesondere im Begriff der Ideologie, der in seiner ursprünglich neutralen Bedeutung als Inbegriff der gedanklichen Systeme durch die Bestimmung als *notwendig falsches Bewusstsein* überformt ist, wird die Spitze dieses Gedankens erkennbar.

Es nimmt nicht wunder, dass in dieser Lehre auch der Begriff des freien Willens unter die gesellschaftlichen Produkte eingeordnet wird. „Was die Individuen [...] sind, das hängt ab von den materiellen Bedingungen ihrer Produktion." (21) Dafür hat Marx (1845, 6) in seinen „Thesen über Feuerbach" auch die Formel geprägt, dass das menschliche Wesen „das ensemble der gesellschaftlichen Verhältnisse" sei. Für Marx kann so auch die Annahme von Willensfreiheit nur eine Funktion im Kontext der gesellschaftlichen Verhältnisse sein. In der ätzenden Satire, die er als Redakteur der „Rheinischen Zeitung" zur Debatte über das Holzdiebstahlsgesetz verfasst hat, ist zu erkennen, dass Marx in der anmaßenden Willkür des Waldbesitzers, der vom Staat die Freiheit zur Selbstjustiz gegen den „Holzfrevler" einfordert, die ganze Wahrheit über die Idee der Willensfreiheit sieht. „Will dieser freie Wille nicht viele Freiheiten? Ist es nicht ein sehr, ein vorzüglich freier Wille?", so kommentiert der Kritiker und tut in sarkastischen Wendungen so, als empörte er sich mit dem Aggressor darüber, dass im 19. Jahrhundert der freie Wille bürgerlicher Privatleute vom Staat so empfindlich eingeschränkt werde (1842, 129). Was der Waldeigentümer für den Ausdruck seiner Willensfreiheit hält, ist in Wahrheit falsches Bewusstsein: ein durch die determinierende Kraft der Eigentumsverhältnisse zutiefst unfreier Wille, der durch das, was er will, nur seine Entfremdung kundgibt.

In eben diesem Sinn kritisiert Marx durchweg auch später die bürgerliche Freiheit. Die Rede von der Willensfreiheit ist damit als Ideologie decouvriert. Dabei soll aber gemäß der Marx'schen Geschichtsphilosophie die Revolution der unterdrückten arbeitenden Klasse zu einer Befreiung der gesamten Gesellschaft von der Herrschaft des Kapitals führen. Es ist eine tragische Inkonsequenz dieser Theorie, dass sie sich durch ihren ökonomischen Determinismus die Instanz wegerklärt, derer es bedürfte, damit aus der Revolution mehr werden kann als ein geistloser Mechanismus.

Der psychologische Determinismus

Durchgängige Motivation als Kausalbestimmung: Schopenhauer

Der metaphysische Pessimismus Arthur Schopenhauers (1788–1860) äußert sich unter anderem in jenem psychologischen Determinismus der durchgängigen Motivation menschlichen Handelns, mit dem der Philosoph eine Theorie des unfreien Willens vertritt. In seiner Schrift

„Über die Freiheit des Willens" (1839) beantwortet Schopenhauer die Preisfrage der Königlichen Norwegischen Sozietät der Wissenschaften zu Drontheim: „Läßt die Freiheit des menschlichen Willens sich aus dem Selbstbewußtseyn beweisen?" Schopenhauers Position besagt: Sie lässt sich weder aus dem Selbstbewusstsein noch auf irgendeine andere Weise beweisen, denn der menschliche Wille ist nicht frei, sondern durchgängig kausal bestimmt.

Der Begriff von Freiheit, auf den sich die Überlegung bezieht, ist denkbar einfach: Es ist „die Abwesenheit alles Hindernden und Hemmenden", verstanden als Vermögen, als Bestimmung durch eine Kraft, die sich da ungehindert und ungehemmt äußert (Schopenhauer 1839, 361). Den Verteidigern der Freiheit des Willens wirft Schopenhauer vor, dass sie nicht zwischen einer so begriffenen *Handlungsfreiheit und Willensfreiheit* unterscheiden: Das Bewusstsein von der Freiheit des Willens, so Schopenhauers Einwand, liegt in der Unterstellung einer Abwesenheit aller bestimmenden Gründe für diesen Willen. Mit dem naiven Selbstbewusstsein des Handelnden gehe die Vorstellung von der Selbstbegründung des Willens einher – ganz einfach dadurch, dass er Handlungsfreiheit bereits für Willensfreiheit nimmt, indem er nach Bedingungen, durch die der Wille will, was er will, nicht fragt. Diese Vorstellung, so macht Schopenhauer geltend, ist falsch. Denn wie es für alles einen zureichenden Grund gebe, so falle auch der Wille des Menschen wie alles andere in der Natur unter die durchgängige Notwendigkeit der Bestimmung durch vorangehende Ursachen. „Jede Folge aus einem Grunde ist nothwendig, und jede Nothwendigkeit ist Folge aus einem Grunde" (367), so führt er in Form einer wechselseitigen Explikation von Grund und Folge für diese durchgängige Bestimmung den Begriff der Notwendigkeit ein. Diese Notwendigkeit allen Geschehens nimmt auf den unterschiedlichen Entwicklungsstufen der Natur verschiedene Formen der Kausalität an – in der anorganischen Natur ist sie die mechanische Relation von *Ursache* und Wirkung, in der lebendigen Natur tritt sie auf als das *Reiz*-Reaktionsschema, und beim Menschen wird sie durch das Dazwischentreten des Intellekts zur *Motivation. Motive des Handelns* – das sind durch Bewusstsein vermittelte *Ursachen* der Bestimmung. Motivation ist „die durch das Erkennen hindurchgegangene Kausalität". (389) Und als Wille, in dem nicht mehr zu sehen ist als die subjektive Vermittlung des Motivs, das auf den Wollenden wirkt, erlebt dieser die Kraft der Wirkung dieses Motivs (391).

„Frei bin ich, wenn ich thun kann, was ich will": So gibt sich nach Schopenhauer im geläufigen Selbstbewusstsein des Handelnden die Überzeugung von der Freiheit des Willens zu verstehen. Ihre Vordergründigkeit – dass hier Handlungsfreiheit mit Willensfreiheit verwechselt wird – vermeint Schopenhauer durch die Frage zu entlarven: „Kannst du auch wollen, was du willst?" (364) Der Einwand erfreut sich bis in die heutigen Debatten einer großen Popularität (siehe z. B. Reemtsma 2006). Gemeint ist mit der missverständlichen Formulierung die freie Verfügung über den Willen als solchen. In dem Bewusstsein, tun zu können, was ich will, komme ich, so Schopenhauers Vorwurf, nicht auf den Gedanken, dass es vor dieser Willensäußerung im Handeln schon etwas geben kann, das den Willen in einer Weise beeinflusst, die als Determination zu begreifen wäre. Der Handelnde nimmt *keine Rücksicht darauf, was etwa auf seinen Willen selbst Einfluss haben könnte* (vgl. 362) und kommt so zu einem illusionären Selbstverständnis. Frei – ein „liberum arbitrium indifferentiae" – wäre der Wille nach Schopenhauer, wenn er „durch gar nichts" als allein durch sich selber existierte. (367) Doch das kann es nach seiner These von der durchgängigen Motivation nicht geben.

Wir wollen uns, so schlägt Schopenhauer zur Veranschaulichung vor, „einen Menschen denken, der, etwan auf der Gasse stehend, zu sich sagte: ‚Es ist 6 Uhr Abends, die Tagesarbeit ist beendigt. Ich kann jetzt einen Spaziergang machen; oder ich kann in den Klub gehen; ich kann auch auf den Thurm steigen, die Sonne untergehn zu sehn; ich kann auch ins Theater gehen; ich kann auch diesen, oder aber jenen Freund besuchen; ja, ich kann auch zum Thor hinauslaufen, in die weite Welt, und nie wiederkommen. Das Alles steht allein bei mir, ich habe völlige Freiheit dazu; thue jedoch davon jetzt nichts, sondern gehe ebenso freiwillig nach Hause, zu meiner Frau.' [Und Schopenhauer kommentiert dies:] Das ist gerade so, als wenn das Wasser spräche: ‚Ich kann hohe Wellen schlagen (ja! nämlich im Meer und Sturm), ich kann reißend hinabeilen (ja nämlich im Bette des Stroms), ich kann schäumend und sprudelnd hinunterstürzen (ja! nämlich im Wasserfall), ich kann frei als Strahl in die Luft steigen (ja! nämlich im Springbrunnen), ich kann endlich gar verkochen und verschwinden (ja! bei 80° Wärme); thue jedoch von dem Allen jetzt nichts, sondern bleibe freiwillig, ruhig und klar im spiegelnden Teiche.' Wie das Wasser jenes Alles nur dann kann, wann die bestimmenden Ursachen zum Einen oder zum Andern eintreten; ebenso kann jener Mensch was er zu können wähnt, nicht

anders, als unter der selben Bedingung. Bis die Ursachen eintreten, ist
es ihm unmöglich: dann aber muss er es, so gut wie das Wasser, sobald
es in die entsprechenden Umstände versetzt ist." (400f.)

Das Beispiel exponiert den Gedankenfehler dieser Motivations-
psychologie wie auf dem Tablett. Schopenhauer präsentiert uns einen
Menschen, der tatsächlich *als derselbe* verschiedene Möglichkeiten rea-
lisieren könnte. Dieses Individuum vergleicht er mit einem Wasser, dem
nur durch den Kunstgriff des Wechsels der Generalisierungsebene, das
heißt unter dem abstrakten Oberbegriff von Wasser, die verschiedenen
Möglichkeiten seiner Aktionen und Aggregatzustände zugeschrieben
werden können. Im Unterschied zu dem individuellen Menschen ist
es nicht *dasselbe* ruhig im Teich stehende Wasser, das prinzipiell etwa
auch die Möglichkeit hätte, sich als Wasserfall irgendwo herabzustür-
zen. Nur *Wasser überhaupt* hat diese Möglichkeit.

Dieser systematische Konstruktionsfehler ist nicht der einzige:
Schopenhauer behauptet für den Willen des Menschen dieselbe Abhängigkeit von kausalen Faktoren wie für die Zustandsveränderungen
des Wassers. Bei der funktionalen Gleichsetzung menschlicher Hand-
lungsmotive mit Ursachen im natürlichen Kausalzusammenhang über-
sieht er, dass der Mensch – anders als das Wasser zu den Ursachen seiner Zustandsveränderung – zu seinen Motiven *ein Verhältnis* hat. Nur
in Märchen kommt Wasser vor, das zu sich selbst sagt: „Ich kann dies
oder das oder auch jenes tun." In Wirklichkeit können so nur Menschen zu sich und von sich selbst sprechen. Unsere Motive haben *nichts
Zwingendes*. Wir können vielmehr über sie nachdenken und darin frei
mit ihnen umgehen. Das Denken, der menschliche Intellekt, ist nicht
einfach nur die Schnittstelle, an der Ursachen in Motive transformiert
werden. Im Denken erfolgt vielmehr ein radikaler Wechsel, in dem
sich ein Individuum *spontan* auf das Ganze einer Situation bezieht, um
daraus Konsequenzen für sich selbst zu ziehen.

Es ist keineswegs so, dass Schopenhauer diese Spontaneität und Re-
flexivität im Umgang mit Motiven nicht sähe, nur zieht er daraus keine
systematische Konsequenz. Er sieht, dass der Mensch über „Denkver-
mögen" verfügt: „Er ist deliberationsfähig" und dadurch „frei vom unmittelbaren Zwange der anschaulich gegenwärtigen, auf seinen Willen
als Motive wirkenden Objekte" (393), so heißt es ausdrücklich. *Deliberationsfähig*: Genau diesen Eindruck muss tatsächlich der um 6 Uhr
abends auf der Straße mit sich selbst zu Rate gehende Mann auf den
Leser machen. Wenn wir diese Deliberationsfähigkeit angemessen be-

rücksichtigen, müssen wir in dem damit verbundenen präzisen Sinn von reflektierender Verfügung Schopenhauers auf den ersten Blick so befremdliche Frage beantworten: *Ja – ich kann wollen, was ich will*, ich habe einen Einfluss auf meinen Willen.

Der Wille als Macht: Nietzsche

Friedrich Nietzsche (1844–1900), der selbsternannte Immoralist, ist sich mit Schopenhauer, dessen Hauptwerk „Die Welt als Wille und Vorstellung" (1819/44) sein philosophisches Erweckungserlebnis war, in der Bestreitung der Freiheit des Willens einig. Freilich vertritt er in seinen späten Schriften nicht wie dieser eine Theorie des unfreien Willens, sondern eine Lehre vom Willen zur Macht, durch welche der Wille weder als frei noch als unfrei, wohl aber als eine metaphysisch und ethisch überlegene Kraft im Ganzen einer Kräftedynamik begriffen wird.

Wo immer Nietzsche ausdrücklich über freien Willen, Handeln, Verantwortung nachdenkt, da gibt er sich als rabiater Determinist. Nicht erst in der Schrift, in der er den psychologischen Reduktionismus der ethischen Theorien in der Methode der Genealogie kultiviert, rechnet Nietzsche die Freiheit des Willens unter die Vorurteile der Philosophen (Nietzsche 1886a). Schon in der „Fabel von der intelligiblen Freiheit" hatte er die Idee der Willensfreiheit wie überhaupt jegliche Zuschreibung von Verantwortung zu einem Irrtum erklärt: „Niemand ist für seine Thaten verantwortlich, Niemand für sein Wesen; richten ist soviel als ungerecht sein." (1878, 63) Es ist nach seiner Unterstellung nur „Furcht vor den Folgen" (64), was diese Einsicht an ihrer allgemeinen Verbreitung hindert Furcht vor den Folgen: Man müsste in der Konsequenz die Gesellschaft und ihre tragenden Institutionen einer grundsätzlichen Veränderung unterziehen – zum Beispiel das Strafrecht ändern (siehe Detlefsen 2006; Merkel 2008).

Für das menschliche Handeln gilt ihm dasselbe, was er am Beispiel der „zahllosen Biegungen, Schlängelungen, Brechungen der Wellen" eines Wasserfalls geltend macht: „alles ist notwendig, jede Bewegung mathematisch auszurechnen." (Nietzsche 1878, 103) Wer allwissend wäre, könnte jede menschliche Handlung vorausberechnen. Es ist nur die Illusion des Handelnden, Willkür zu unterstellen – und diese „Täuschung des Handelnden über sich, die Annahme des freien Willens, gehört mit hinein in diesen auszurechnenden Mechanismus."

Doch bei der grobschlächtigen Behauptung eines mathematisch berechenbaren Mechanismus bleibt es nicht. In dem Maße, wie Nietzsche seine Lehre vom Willen zur Macht fasst und ausbaut, verfeinert er seine analytischen Instrumente sowohl soziologisch wie auch psychologisch. So glaubt er, die Übertragung von gesellschaftlichen Erfahrungen auf die metaphysische Konzeption der Freiheit feststellen zu können: „Die Lehre von der Freiheit des Willens ist eine Erfindung *herrschender* Stände". (1886, 545) Im gesellschaftlichen Maßstab sind es zuletzt zwei konkurrierende und komplementäre Ansprüche auf die Macht über die Seelen der Menschen, auf die Nietzsche den Glauben an Willensfreiheit zurückführt: als „Philosophen-Erdichtung" in „Jenseits von Gut und Böse" (1886a) und als „Theologen-Kunststück" in der „Götzen-Dämmerung" (1889). Die Philosophen-Erdichtung des freien Willens geht nach Nietzsches genealogischer Hypothese bis auf die Antike zurück: Die *verwegene* und *verhängnisvolle* Erdichtung „vom ‚freien Willen', von der absoluten Spontaneität des Menschen im Guten und im Bösen" (1887, 305), war vor allem dazu gemacht, um sich vor den Göttern als den unterstellten Zuschauern interessant zu machen. Auf der menschlichen Bühne sollte es niemals an Neuem fehlen: Deshalb erdachten die erfindungsreichen Philosophen den freien Willen, um den Menschen als unberechenbares Potential, als ein Wesen, von dem Überraschungen zu erwarten sind, der göttlichen Aufmerksamkeit zu empfehlen. Es ist mithin Eitelkeit, Geltungsdrang und Stolz, wenn der Mensch sich einen freien Willen andichtet: Der Mensch verschafft sich so ein Anrecht, sich als Ursache denken zu dürfen, das stolze Selbstbewusstsein, eine metaphysisch ausgezeichnete *causa sui* zu sein (1886a, 35).

Doch in der „Götzen-Dämmerung" führt Nietzsche dieselbe Lehre vom freien Willen auf die genau entgegengesetzte Absicht zurück, dem Menschen ein schlechtes Gewissen anzuziehen, um ihn als schuldfähiges Wesen auch für strafwürdig auszugeben. In dieser Perspektive stellt sich ihm der freie Wille dar als „das anrüchigste Theologen-Kunststück, das es giebt, zum Zweck, die Menschheit, in ihrem Sinne ‚verantwortlich' zu machen, das heisst *sie von sich abhängig zu machen*". (1889, 95) So ahndet Nietzsche in dem, was er die *Psychologie des Verantwortlichmachens* nennt, eine Strategie der Knechtung: Demnach wurde die Lehre vom freien Willen im Christentum „wesentlich erfunden zum Zweck der Strafe, das heisst des *Schuldig-finden-wollens*". Nur wenn jede Handlung als gewollt, der Mensch als frei ausgegeben werden konnte, war es möglich, die Menschen für ihre Handlungen zu strafen.

Im Hinblick auf das Individuum geht er dabei von einer Dynamik psychischer Verinnerlichung sozialer Herrschaft aus, so in einer Phänomenologie des Willens, die diesen nach der Art einer gesellschaftlichen Beziehung von Herrschaft und Knechtschaft darstellt. Nietzsche sieht im Zuge der kulturellen Zähmung des Menschen die Über- und Unterordnung in sozialen Verhältnissen auf die innere Dynamik der Selbstherrschaft übertragen, in der die Bedingung für die Stärke äußerer Herrschaft über andere ausgemacht werden kann. „Unser Leib ist ja nur ein Gesellschaftsbau vieler Seelen", kommentiert er (1886a, 33) und deutet die mentale Dynamik des Willensaktes nach Analogie gesellschaftlicher Machtverhältnisse. „Ein Mensch, der *will* –, befiehlt einem Etwas in sich, das gehorcht oder von dem er glaubt, dass es gehorcht." (32) So handelt es sich nach seiner Analyse bei allem Wollen „um Befehlen und Gehorchen, auf der Grundlage […] eines Gesellschaftsbaues vieler ‚Seelen'" (33), und das, was wir Freiheit des Willens nennen, „ist wesentlich der Überlegenheits-Affekt in Hinsicht auf Den, der gehorchen muss". (32)

Mit solchen Hypothesen sieht Nietzsche das menschliche Selbstverständnis und die menschliche Orientierung einem Spannungsfeld von Machtansprüchen ausgesetzt – der Macht, die vom einzelnen Subjekt ausgeht und sich sozial artikuliert, und der gesellschaftlichen Macht, die sich auf den einzelnen Menschen als Objekt richtet. Mit dieser philosophischen (auf Steigerung) und jener theologischen (auf Entwertung des menschlichen Selbstbewusstseins gerichteten) Prägung haben wir uns den abendländischen Menschen als Objekt und Resultat einer Widerspruchsdynamik zu denken. Die gegenstrebigen Tendenzen, die in der Kultur auf den Menschen einwirken, treffen sich in der methodischen Unterstellung, dass der menschliche Wille frei sei. Damit aber münden sie in eine Illusion, die den Menschen als willfähriges Objekt aller möglichen Herrschaft disponiert.

Nietzsche, der in der christlichen Kultur eine Form der Dekadenz, einen Ausdruck des geschwächten Lebens erkennt, sieht im Interesse der freien Entfaltung des Lebens seine epochale Aufgabe darin, die Menschheit vom Bann der Idee der Verantwortung wie des freien Willens zu befreien. Er sieht *die große Befreiung* im Gedanken der Entschuldung. Will man der Menschheit die verlorene *Unschuld des Werdens* zurückgeben, so muss man ihr das schlechte Gewissen ausreden, um ihre Potentiale zu entbinden. Nietzsche setzt auf die metaphysische

und theologische Unbelangbarkeit des Menschen. Dazu dient ihm die
Einsicht in die Notwendigkeit. Wenn er einschärft: „Man ist nothwendig, man ist ein Stück Verhängniss, man gehört zum Ganzen, man *ist*
im Ganzen", dann soll dies vor allem die befreiende Erkenntnis beför-
dern: „es giebt Nichts, was unser Sein richten, messen, vergleichen, ver-
urtheilen könnte". (1889, 96) Als Element des Ganzen ist der Mensch
somit nichts anderes als Träger und Exponent der Lebensdynamik, die
dieses Ganze durchherrscht. Das Leben ist in allen seinen Formen *Wille zur Macht* und nichts außerdem, und der Mensch hat weder einen
freien noch einen unfreien Willen, sondern wie jede andere individu-
ierte Lebensform einen Willen zur Macht, der sich von anderen nur
graduell unterscheidet.

Doch ist Nietzsche mit seinem Befreiungsethos offensichtlich über
den Determinismus auch schon wieder hinaus. Die Menschen müssen
befreit werden zu ihrer eigenen Stärke, zu einem Selbstvertrauen, das
– gegen die Vorurteile der Tradition – seine eigenen Werte setzt und in
eine selbstbestimmte Zukunft aufbricht, in der sich das Leben entfalten
kann. Die Befreiung zur Unschuld des Werdens braucht einen archi-
medischen Punkt, wenn sie sich nicht in der Dynamik der Fremdbestimmung verlieren soll. Diesen Anspruch auf Selbstbestimmung fasst
Nietzsche im Begriff des *freien Geistes*, und im Lichte dieses Begriffs
kommt es zur *Wiedergewinnung des freien Willens*.

Entscheidendes über den freien Geist, seine Unabhängigkeit, Souveränität und Stärke, erfahren wir durch Zarathustra, die Maske des
persischen Religionsstifters, durch die Nietzsche spricht, wo es ihm
um die Vision eines neuen Himmels und einer neuen Erde geht – und
vor allem eines neuen Menschen. Zarathustra ist das Sprachrohr des
freien Geistes. In seinen Reden steht denn auch die Vorstellung von
der Freiheit des Willens wie von selbst in einem anderen Licht als in
den Akklamationen des Determinismus. Nach der radikalen Absage
an den freien Willen findet hier seine Resurrektion und Aufwertung
statt. Sich selbst beschreibt Zarathustra als „Herr eines langen Willens"
(1884, 204), und die Suche nach Gleichgesinnten fasst er in die Worte:
„Und alle Die sind Meines-Gleichen, die sich selber ihren Willen geben
und alle Ergebung von sich abthun." (215; vgl. 216) Wenn Zarathustra
von dem „neuen Stolz" spricht, den er die Menschen lehren wolle, so
läuft dieser freilich wieder auf den *alten* Stolz hinaus, *causa sui* sein zu
wollen: „diesen Weg wollen, den blindlings der Mensch gegangen, und
gut ihn heissen". (1883, 37)

An Nietzsche wird somit exemplarisch, was sich in der Auseinandersetzung mit dem Determinismus durchweg erfahren lässt: Sobald sich ein Denker auf das Selbstverständnis des Handelnden einlässt, sobald er darüber nachdenkt, was Denken, Fragen, Überlegen, Entscheiden, Sprechen oder Handeln eigentlich bedeuten, hält er den Determinismus nicht durch.

Der getriebene Wille: Freud

In der von Nietzsches Tiefenpsychologie inspirierten Psychoanalyse verbindet sich mit der Entdeckung der Eigendynamik der Seele und ihres genuinen Anteils an den menschlichen Leiden auch die methodische Erforschung des *unbewussten* Anteils am Seelenleben. Als Mediziner hat Sigmund Freud (1856–1939) einen primär naturwissenschaftlichen Zugang zur menschlichen Psyche, der mit der Einlassung auf deren Eigendynamik durch geisteswissenschaftliche Methoden sprachlicher Interpretation zwar methodisch überformt wird, sich jedoch im erklärten Determinismus seiner Theorie des Menschen als eines Triebwesens nachhaltige Geltung verschafft. Die Spannung zwischen der psychoanalytischen Methode, zu deren produktiven Interpretamenten die Traumdeutung und die griechische Mythologie gehörten, und einem Physikalismus, der sich in dem (nie aufgegebenen) Interesse am *Chemismus der Gefühle* schon früh artikuliert hatte, sollte unausgetragen bleiben.

Der Mensch ist nach Freud das von seinen Trieben bestimmte Wesen. Freuds Seelentheorie ist die Lehre von Aufbau und Funktionen der Seele – *Es*, *Ich* und *Über-Ich* – als des Organs zur realitätsgerechten Steuerung des Trieblebens. In der reifen Fassung seiner Theorie sind es, nachdem Freud ursprünglich allein den Sexualtrieb angenommen hatte, zwei gleichursprüngliche und diametral entgegenwirkende Triebe, deren Wechseldynamik den Menschen bestimmt. Er bezeichnet sie als *Eros* (Liebestrieb) und *Thanatos* (Todestrieb), und er begreift als deren wesentliche Ausprägungen den *Sexualtrieb* und den *Aggressionstrieb*. Aus der Analyse psychischer Leiden gewinnt Freud zudem die Konzeption eines die menschliche Psyche dominierenden Gegensatzes zwischen Lustprinzip und Realitätsprinzip.

Das Triebreservoir der Persönlichkeit bildet das Es, das Freud – mit einem Ausdruck, der „das Unpersönliche und sozusagen Naturnotwendige in unserem Wesen" bezeichnet (Freud 1923, 251) – als den

dunklen und chaotischen Ursprung der gesamten psychischen Dynamik begreift. Aus diesem Urgrund der Triebe bildet sich in der Not der
Auseinandersetzung mit der Außenwelt das Ich als die Funktion der
Realitätskontrolle und aus diesem wiederum das Über-Ich als Instanz
der normativen Orientierung durch verinnerlichte Autorität heraus.
Freud verfolgt hier die evolutionsbiologisch inspirierte Vorstellung
einer internen Ausdifferenzierung unter äußerem Anpassungsdruck,
einer zunehmenden Komplexität durch Verselbständigung von Funktionen, die im Realitätskontakt herausgefordert werden. Die Triebe
sind auf Befriedigung aus, die Wirklichkeit als Inbegriff von möglicher
Erfüllung und möglicher Versagung nötigt das Triebwesen zu Anpas-
sungsleistungen unbeschränkter Größenordnung. Das Ich leistet in
seiner entwickelten Form die Vermittlung zwischen Realität und Psyche, es stellt als ein adaptiver Apparat zugleich die Kraft der bewussten Auseinandersetzung und die Abwehrfunktion der Persönlichkeit
dar, indem es eine Reihe von Strategien zur Bewältigung von Kon-
flikten entwickelt. Von der dritten Instanz der psychischen Dynamik,
dem Über-Ich, nimmt Freud an, dass es sich als Funktion der Selbstbeobachtung, der Selbstkontrolle und Selbstkritik innerhalb des Ich
abspaltet. Es trägt die Leistungen der Idealbildung und des Gewissens.
Es ist die Instanz der ins Innere gewanderten väterlichen Strenge.
    Der freie Wille hat im Szenario dieser psychischen Funktionen
keinen Ort. Zwar generalisiert Freud (1929) den Geltungsanspruch
psychoanalytischer Mechanismen zur Regulierung der Triebdynamik
bis in die Größenordnung der menschlichen Kultur, in der die *Befreiung von Naturzwängen*, einschließlich der eigenen Triebnatur und der
Gewinnung von Handlungsspielräumen, eine entscheidende Rolle
spielt. Doch mit Willensfreiheit hat das alles nichts zu tun. Freud ist
als entschiedener Physikalist im Grunde schon Zeitgenosse der aktuellen Debatte. Zwar verwendet er gelegentlich den Ausdruck „Wille",
doch dieser Wille ist für ihn bloßes Ausführungsorgan der vom Ich
kontrollierten Triebdynamik. Freud vertritt die Theorie des durchge-
henden psychischen Determinismus und differenziert schon früh seine
These von der ausnahmslosen Motivation allen Tuns, indem er das
Modell der Motivation aus dem Unbewussten durch die Motivation
aus dem Bewussten ergänzt, ohne dadurch freilich den Charakter der
Determination in Frage zu stellen (1901).
    In seinen „Vorlesungen zur Einführung in die Psychoanalyse"
spricht Freud (1917, 42; vgl. 104) von der „Illusion einer psychischen

Freiheit", der er als Verfechter des wissenschaftlichen Determinismus mit „schärfstem Widerspruch" entgegentrete. In der Behauptung vom freien Willen erkennt er eine jener verschlüsselten Botschaften, als welche er die komplizierte psychische Performanz in ihren strategischen Inszenierungen stets aufgefasst hat, und legt in deren Deutung ein Kabinettstück psychoanalytischer Entlarvung vor. Demzufolge sind es gerade „die unterdrückten Willensentscheidungen, die die Illusion des freien Willens ergeben haben." (1920, 248) Was das Bewusstsein zu erkennen gibt, soll im Sinne der Reaktionsbildung auf unbewusste Abläufe, mit denen eine Versagung, eine „Kränkung" einhergeht, gerade das Gegenteil von dem sein, was wirklich abläuft.

Schon in der frühen „Psychopathologie des Alltagslebens" (1901) hatte Freud das „Überzeugungsgefühl", „daß man ebenso wohl anders hätte handeln können", das sich nach seiner Beobachtung vorwiegend bei belanglosen Entscheidungen zeige, in diesem Stil gedeutet. Während bei den großen Willensentschließungen der Mensch offenbar nichts dagegen hat, *nicht anders zu können*, legt er bei den Belanglosigkeiten Wert auf seinen freien Willen. Wie ist das zu verstehen? Gemäß der hier eingeführten Unterscheidung zwischen Motivation aus dem Bewusstsein und Motivation aus dem Unbewussten sind die großen Willensentschließungen aus dem Bewussten motiviert, sodass der Mensch gegen das Zugeständnis dieser Motivation nichts einzuwenden hat. Bei der belanglosen, eher indifferenten Willensentschließungen kündet dagegen gerade das Gefühl, das hier psychoanalytisch untersucht wird: das „Überzeugungsgefühl vom freien Willen", davon, dass das Entscheidende im Unbewussten vorgeht (1901, 282f.). Prägnant wird derart an der Entschlüsselung indirekter Ausdrucksformen für unbewusste Vorgänge, als die Freud die Psychoanalyse entwickelt hat, der Zug einer detektivischen Hermeneutik, nach deren Vorgabe alles, was sich im Bewusstsein zeigt, stets als Oberfläche einer Tiefendimension erst gedeutet sein will. Freud nimmt deshalb das Gefühl zwar ernst, aber nicht für bare Münze. Aus seinem Auftreten schließt er auf das genaue Gegenteil des propositionalen Gehaltes, den es für seinen Träger hat. In der expliziten Absicht, die Behauptung eines freien Willens als den methodisch erklärbaren Ausdruck des genauen Gegenteils auszulegen, dokumentiert Freud so mit der Konsequenz in der Anwendung der psychoanalytischen Methode zugleich die Radikalität seiner deterministischen Überzeugung. Die Dringlichkeit der an die Psychoanalyse immer wieder gerichteten Frage wird damit exemplarisch: Ist es sinnvoll, ja, ist es methodisch legitim, die Hermeneutik des therapeutischen Verdachtes zum ubiquitären Zugang des Verstehens menschlichen Selbstverständnisses zu machen?

Wo Freud sich schließlich der Kultur zuwendet, da findet sich im Katalog der kulturellen Leistungen und Werte von der Sicherung des menschlichen Lebens vor zerstörerischen Naturkräften (zu denen auch die unsublimierten Triebe gehören würden) über die Organisation und Effektivierung der Arbeit bis hin zu Werten wie Reinlichkeit und Schönheit alles, worin sich unser Leben von dem unserer tierischen Ahnen unterscheidet und für uns lebenswert wird. Nach der Freiheit suchen wir hier vergebens, obwohl Freuds Beschreibungen darauf hinauslaufen, dass in der Kultur der Mensch *Handlungsspielräume* für seine Lebensführung gewinnt. „Die individuelle Freiheit ist kein Kulturgut. Sie war am größten vor jeder Kultur." (1929, 455) Im Interesse der gleichmäßigen Kulturentwicklung für alle hält Freud geradezu die Einschränkung *der Freiheit* für ein Gebot der Gerechtigkeit. Da man den Menschen kaum dazu bringen dürfte, „seine Natur in die eines Termiten umzuwandeln", er vielmehr „wohl immer seinen Anspruch auf individuelle Freiheit gegen den Willen der Masse verteidigen" werde, gehört auch dies zu den Aufgaben der Kultur: einen Ausgleich zwischen „diesen individuellen und den kulturellen Massenansprüchen zu finden". (1929, 455f.) Wenn hier in restriktiver Absicht immerhin das Faktum *individueller Freiheit* bestätigt wird, dann darf darin keine Revision der Bestreitung der Willensfreiheit gesehen werden. Freud meint die *Freiheit der Triebe*, möglichst ungehemmt ihre Ziele zu verwirklichen – und er räumt damit lediglich einer sehr speziellen Variante der *Handlungsfreiheit* eine Berechtigung ein.

Der neuronale Determinismus

Die Vermessung des Wollens: Libet ...

Die aktuelle Debatte über die Willensfreiheit hat 1985 nach den Laborversuchen des Neurophysiologen Benjamin Libet eingesetzt. In seinen inzwischen berühmten Experimenten sollten die Versuchspersonen zu einem selbst gewählten Zeitpunkt innerhalb der Spanne von drei Sekunden einen Finger bewegen und mittels einer Stoppuhr angeben, wann genau sie sich zu dieser Bewegung entschieden. Zugleich wurde in den Hirnarealen, die beim Vorgang der Entscheidung aktiv sind, der Verlauf der elektrischen Spannung gemessen. Das Ergebnis war eindeutig: Die Aktivität der Neuronen steigt bereits einige Millisekunden *vor* dem Bewusstsein des Handlungsentschlusses an. Das Gehirn leitet den Willensprozess ein, *bevor* sich die Versuchsperson des Handlungsimpulses bewusst wird. Das Wollen erfolgt erst etwa 350 bis 400 Millisekunden *nach* dem Beginn der vom Gehirn erzeugten Aktivität (Libet 2005, 173; vgl. 181). Für den Experimentator stand damit fest: Das Gehirn ,handelt', bevor der Mensch seine Entscheidung trifft. Libet spricht hier, wie zuvor bereits Kornhuber und Deecke, die in einer Versuchsreihe 1965 ähnliche Messungen erzielten (siehe Kornhuber / Deecke 2007), von einem „Bereitschaftspotential" des Gehirnareals: Es zeige an, dass die Handlung festliegt, bevor die Handlungsintention bewusst wird.

Da die Annahme eines freien Willens, auf die der Versuchsbefund bezogen wird, am Kriterium des Bewusstseins hängt, dreht sich in der Ausdeutung des Messungsbefundes alles um die Frage nach dem Bewusstsein. Bewusstsein ist eine notwendige Bedingung dessen, was wir unter Willensfreiheit verstehen. Wenn gezeigt werden kann, dass die Nervenzellen bereits aktiv sind, ehe der Handelnde davon weiß, muss das heißen: Die neuronale Entscheidung wird unbewusst und daher nicht frei vollzogen.

Libet, ein Schüler des Nobelpreisträgers für Medizin John C. Eccles, Autors des Buches „Das Ich und sein Gehirn", war von der Erwartung ausgegangen, dass dem messbaren Aufbau eines elektrischen Bereitschaftspotentials eine Art ,Willensruck' vorausgehe. Stattdessen stellte sich das Gegenteil heraus: Das Bereitschaftspotential ging dem ,Willensruck' voran. Also folgerte er, dass unser Wille von unbewussten Prozessen in unserem Gehirn gesteuert wird. Es sind, wie es der Hirnforscher Wolf Singer (in Geyer 2004) später formulierte, die „Verschaltungen in unserem Hirn", die unser Verhalten festlegen.

Gesetzt, die Deutung trifft zu, dann wäre der Wille durch Hirnprozesse determiniert: Was immer wir wollen – wir können nicht anders. Infolgedessen wäre es die einzige angemessene Konsequenz, die Freiheit des Willens als eine Illusion zu begreifen. Wir sind nicht frei. Das ist auch die Schlussfolgerung des Hirnphysiologen Gerhard Roth (2002). Wenn er sich überdies auf die Aktivität des limbischen Systems beruft, der Hirnregion, die für die Gefühlsreaktionen zuständig ist, kann er ergänzen: *Wir fühlen uns frei*, aber wir sind es nicht (2003). Das Gleiche muss für die Verantwortung gelten: Wir fühlen sie, aber wir haben sie nicht (siehe Kapitel 3, 81ff.).

Was bedeuten die Experimentalbefunde? Und sind die von den genannten Neurowissenschaftlern gezogenen Konsequenzen korrekt? Beweisen die Libet-Experimente wirklich etwas gegen die Annahme von Willensfreiheit?

Bemerkenswert ist zunächst, dass Libet selber nicht so weit geht wie Singer und Roth. Seine Schlussfolgerung ist moderater. Er belässt es bei der Feststellung: Der Wille leitet offenbar die Handlung nicht ein. Seine Funktion besteht vielmehr darin, die Handlung zu *kontrollieren* und darüber zu *entscheiden*, ob sie zum Abschluss gebracht wird (Libet 2005, 175). Libet sieht die Rolle, die der bewusste Wille im Handeln spielt, insbesondere in einem „bewussten Veto", das heißt: in der Unterdrückung des Handlungsimpulses (177). Willenshandlungen können wir so auffassen, dass sie durch „unbewusste Initiativen", die „aus dem Gehirn ‚hervorquellen‛", eingeleitet werden; dem Willen käme damit die Funktion der Auswahl zwischen ihnen zu (179; vgl. 183).

Nehmen wir mit Helmrich zur Veranschaulichung des Libet'schen Vetos das Beispiel eines Ladendiebes, der in einem Kaufhaus etwas stiehlt. Folgen wir den Deterministen, so müssen wir bestreiten, dass er anders hätte handeln können. Den Gegenstand ergreifen und ihn verschwinden lassen ist eine Sache von Sekunden, die im Zeitrahmen von Libets Experiment bleiben. Die Änderung der Entscheidung könnte so ausfallen, dass der Dieb den Gegenstand ergreift und die Hand in die Richtung seiner Tasche zieht, dabei aber hinter sich Geräusche hört, die ihm das *Signal für das Veto seines Willens* geben. Augenblicklich hebt er die Hand mit dem Diebesgut, täuscht vor, es sich von allen Seiten anzusehen, stellt es ins Regal zurück und geht (Helmrich in Geyer 2004, 95). Das „Bereitschaftspotential" für den Diebstahl war aufgebaut, doch der potentielle Dieb konnte seine Handlung noch kontrollieren und von ihr lassen. Doch enthält Helmrichs Beispiel wirklich ein Argument gegen den neuronalen Determinismus?

Libets Konstruktion eines bewussten Vetos, das bei aktiviertem Bereitschaftspotential und eingeleiteter Handlung bis 100 Millisekunden vor ihrer definitiven Umsetzung möglich sei, ist auf Skepsis gestoßen: Wenn im Rahmen der neurowissenschaftlichen Versuchsanordnung nicht völlig unerklärlich bleiben soll, wie es zu diesem Veto kommt, so müsste dafür dieselbe Art von neuronaler Verursachung angenommen werden wie zuvor für die Willensentscheidung (siehe Danto 1985; Merkel 2008, 95). Für das Beispiel des Ladendiebes hieße das: Bezogen auf die ursprünglich beabsichtigte Handlung lässt sich zwar rein formal geltend machen, dass der Handelnde offenbar *auch anders konnte*; doch mit dem Auftreten eines neuen Reizes, des Geräusches eines vermeintlichen Beobachters hinter ihm, beginnt eine neue neuronale Auslösesituation, die ihrerseits alles determinieren müsste. Über die Konstruktion des Vetos wird man die Freiheit nicht retten können.

Es gibt grundsätzlichere Rückfragen an Libets Experiment (siehe Pauen 2004, 196–209; Geyer 2004; Habermas 2004; Höffe 2006; Rösler 2008): Schon früh ist eingewendet worden, dass in seiner Versuchsanordnung gar nicht die Chance besteht, das freie Handeln in den Blick zu nehmen.

1. Wie ist das elektronisch gemessene Bereitschaftspotential eigentlich zu deuten? Muss es tatsächlich als Ankündigung des Willensaktes verstanden werden?

2. Ist das, was da gemessen wird, ein Fall von freier Handlung, ja, ist es überhaupt eine Handlung? Die Frage, welche Alternativen des Handelns eigentlich eine Versuchsperson hat, die darauf festgelegt ist, einen Finger zu krümmen, wann sie es will, dies aber unbedingt innerhalb einer vorgegebenen Zeitspanne von drei Sekunden, sollten wir dabei übergehen. Mit ihr hätten wir implizit die Wahl zwischen Möglichkeiten zum Kriterium des freien Handelns erklärt – eine Bestimmung, die nicht unstrittig ist (siehe Kapitel 3, 80). Es bleibt aber die Frage, inwiefern ein so partikularer und isolierter Akt wie das Krümmen eines Fingers aufgrund vorgängiger Instruktion überhaupt als *Handlung* gelten kann. Erfahren wir in künstlich arrangierten Laborsituationen an Minimalpräparaten der Gegenstände, die uns interessieren, das, was wir wissen wollten? Im alltäglichen Leben sind Handlungen etwas Komplexes: Eine Handlung ist als Realisierung einer Absicht das Ergebnis einer komplexen Abfolge von Überlegungen im Rekurs auf die prinzipielle und situative Überzeugungskraft von Gründen (vgl. Habermas 2004, 873). Also muss man bezweifeln, ob die isolierte Körperbewegung einer Fingerkrümmung überhaupt als Fall einer Handlung anzusehen ist.

3. Was wird gemessen? Wenn nicht das Präparat des Experiments, die Bewegung des Fingers, so dürfte immerhin die gesamte Versuchsanordnung eine Handlung sein. In ihrem Verlauf wird streng genommen keine Entscheidung mehr getroffen; sie ist vielmehr immer schon getroffen. Die Versuchspersonen haben sich zur Teilnahme entschieden, sie wurden instruiert, und sie haben sich auf das hochartifizielle Verfahren eingelassen. Darin ist eine bewusste Handlung der Versuchs-

personen zu sehen, ob sie aber auch in der eindimensionalen Körperbewegung einer Fingerkrümmung gegeben ist, ist zu bezweifeln (siehe
Breitmeyer 1985; Helmrich in Geyer 2004, 94). Nicht von der Hand
zu weisen ist von daher die Einschätzung, die bereits in der Debatte
unmittelbar im Anschluss an Libets Veröffentlichung auf den Punkt
gebracht wurde: *Das Libet-Experiment ist kein Freiheits-Experiment,
sondern ein Reaktionszeit-Experiment* (Bridgeman 1985).

... und die Folgen

Die zahlreichen Einwände, die seither in der Auseinandersetzung mit
der neurophysiologischen Willensbestreitung (auch über Libets Versuche hinaus) von Philosophen vorgebracht worden sind, lassen sich auf
drei Argumente zurückführen. Das erste beruht auf dem *Vorwurf der
Überschwänglichkeit*. Es ist *das Argument der ungedeckten Konsequenz*:
Demnach reichen die Befunde nicht aus, um zu beweisen, was die Deterministen daraus schließen möchten. Nur wenn sich belegen ließe,
dass alle deliberativen und emotionalen Vorgänge vollständig neuro-
logisch beschrieben, erklärt und prognostiziert werden können, wäre
die Konsequenz der Freiheitsbestreitung haltbar (Nida-Rümelin 2005,
165). Nida-Rümelin macht hier das Kriterium der Prognosefähigkeit
geltend, das sich aus der *Strukturgleichheit von Erklärung und Prognose*
in deterministischen Systemen ableiten lässt. Er erinnert ferner an die
Bestimmung der Determination durch den berühmten Laplace'schen
Dämon, jenes metaphorische Konstrukt der allmächtigen Kontrolle in
den mathematischen Naturwissenschaften: dass die Naturgesetze im
Verein mit den vergangenen Fakten als den wirkenden Ursachen ausnahmslos festlegen, was zu einem jeden Zeitpunkt geschieht. Überträgt
man dies auf die Neurowissenschaft, so müsste bewiesen werden, dass
„die genetische Ausstattung zusammen mit den Umwelteinwirkungen
im Zeitverlauf den Hirnzustand zu jedem Zeitpunkt eindeutig festlegen"; erst durch diesen Nachweis wäre die Vollständigkeit der deterministischen Erklärung gewährleistet (165). Die Neurowissenschaft ist
weit davon entfernt, diesen Nachweis erbracht zu haben. Darin sind
sich der Philosoph und zahlreiche Wissenschaftler einig (siehe bes.
Falkenburg in Sturma 2006; Das Manifest 2004). Es dürfte Konsens
sein, dass insbesondere die prognostischen Fähigkeiten der Neurophysiologie bis heute noch weitaus schwächer sind „als die unserer All-
tagspsychologie". (Nida-Rümelin 2005, 170f.) Die Naturwissenschaften

sind auch gar nicht in der Lage, eine flächendeckende, durchgehende Determination vorauszusetzen; sie kommen vielmehr mit lokalen deterministischen Systemen aus (Willaschek 2005, 88, Sp. 3).

Bemerkenswert ist, dass Benjamin Libet es genauso sieht. Er gesteht ein, dass mit seinen Experimenten der Determinismus keineswegs bewiesen ist: Es sind ‚verborgene Ad-hoc-Annahmen‘, von denen die angeblich wissenschaftlichen Schlussfolgerungen derjenigen abhängen, die uns einreden wollen, dass wir eine Art von vorherbestimmten Robotern wären (Libet 2005, 197f.). Für Libet gibt es „eine unerklärbare Lücke zwischen der Kategorie der physischen Phänomene und der Kategorie der subjektiven Phänomene." (195) Es wäre töricht, aufgrund der neurowissenschaftlichen Befunde unser praktisches Selbstverständnis als Handelnde preiszugeben.

Das zweite Argument geht auf die *methodische Inkonsistenz der Theorie*. Da ist zunächst der berechtigte Vorwurf, die Hirnphysiologen begingen in ihren deterministischen Schlussfolgerungen insofern einen naturalistischen Fehlschluss, als sie überhaupt „die Nichtexistenz der Freiheit aus naturalen Gegebenheiten erschließen wollen" (Höffe in Recki 2006, 85). Ein weiterer, häufig erhobener Vorwurf betrifft die *Selbstwidersprüchlichkeit* der Position: Wenn die These des Hirnphysiologen wahr wäre: dass es Verschaltungen im Gehirn seien, die uns definitiv festlegten, hätten wir keinen Grund, sie ihm abzunehmen. Denn seine These träfe dann auch auf ihn selber zu – und welchen guten Grund könnten wir haben, uns auf die These eines Gesprächspartners einzulassen, der das, was er vertritt, gar nicht aus guten Gründen vertritt, sondern weil er nicht anders kann? Deutlicher lässt sich dies fassen im Vorwurf des *performativen Selbstwiderspruchs*: Der Neurophysiologe handelt so, wie er es nach seiner Theorie nicht tun kann. Wenn er seine eigene Determinationsthese ernst nähme, dann dürfte er nicht argumentieren. Denn das Argumentieren – als Austausch und Abwägung von Gründen – ist selbst schon ein Handeln aus Freiheit. Hirnforscher, die sich auf ihre Ergebnisse berufen, nehmen Gründe in Anspruch, die sie anderen nahebringen wollen. Also setzen sie bei sich und bei ihren Gesprächspartnern die Freiheit der eigenen Einsicht voraus (siehe Kapitel 3, 76ff.). Wenn ihre Gründe „nichts anderes wären als ex-post-Rationalisierungen zuvor schon determinierter kausaler hirnphysiologischer Prozesse", dann wäre ihre Beweisführung ohne jede Bedeutung (Nida-Rümelin 2005, 169f.). An der wissenschaftlichen Debatte dürfte sich der Hirnphysiologe nicht mehr beteiligen.

Es geht aber nicht nur um den performativen Selbstwiderspruch, sondern auch um Widersprüche und Inkonsistenzen auf der Ebene der argumentativen Aussage selbst. Ein markantes Beispiel finden wir im Titel eines populären Aufsatzes von Wolf Singer (in Geyer 2004): „Verschaltungen legen uns fest. Wir sollten aufhören, von Freiheit zu sprechen". Derjenige, der einen Imperativ mit der Formel „Wir sollten" formuliert, argumentiert *normativ*. Indem er uns vorhält, was wir sollen, appelliert er an unsere Einsicht; er impliziert damit notwendig, dass wir tun können, was wir sollen, und dies nicht anders als durch Einsicht. Der Ausdruck „sollen" schließt ein, dass jemand auch anders kann. Wenn mich Verschaltungen festlegen, dann kann ich entweder *nicht* tun, was ich soll, insofern dies nämlich etwas anderes wäre, als ich tue – oder ich kann *nur* tun, was ich soll, insofern das Sollen artikuliert, was ich ohnehin schon tue; dann ist die Formulierung des Sollens redundant. Also spricht der Determinist von Sollen, obwohl er sich die Basis dafür entzogen hat (siehe dazu Singer 2002, 192f.). Die normative Rede ist nur ein Beispiel für viele andere Bereiche des Sprechens: Wer einen konsequenten Neuro-Determinismus vertreten wollte, müsste *eine ganz neue Sprache erfinden*.

Nun kann gegen Einwände, die sich des Arguments der Selbstwidersprüchlichkeit deterministischer Positionen bedienen, angeführt werden, dass über die Wahrheit oder Falschheit der deterministischen These nicht die Selbstwidersprüchlichkeit in der Performanz ihrer Protagonisten entscheide (z. B. Merkel 2008, 37ff.). So viel ist tatsächlich zuzugestehen: Die Position des Deterministen mag in dem beschriebenen Sinne selbstwidersprüchlich sein – seine These könnte gleichwohl den Tatsachen entsprechen. Ob die Welt so oder anders beschaffen ist, lässt sich nicht durch den Nachweis performativer Selbstwidersprüche entscheiden. Trotzdem ist das Argument ernst zu nehmen: Kann es eine Wahrheit geben, über die sich nicht (konsequent) sprechen lässt? Mit Blick auf die offenkundige Unmöglichkeit, die erforderliche ganz neue Sprache zu erfinden, behält das Argument seine Kraft. Wenn auch aus der Selbstwidersprüchlichkeit der deterministischen Position *kein Beweis für ihre Falschheit* zu gewinnen ist, so doch *ein Hinweis auf ihre Problematik*. Es stimmt etwas nicht an der These des Deterministen, dem auf ihrer Basis kein konsistentes Verständnis von sich selbst und seinem Leben gelingt. Das Argument des performativen Selbstwiderspruchs hätte somit zwar nicht ultimativen, wohl aber propädeutischen Charakter (siehe Kapitel 5, 106).

Der Determinismus, so lautet das damit schon vorbereitete dritte Gegenargument, widerspricht dem *Selbstverständnis menschlicher Praxis*. Es ist nicht allein das Strafrechtssystem, dem durch die Elimination der Freiheit die Grundlage entzogen wäre, sondern unser gesamtes Selbstverständnis – als mündige Bürger in Gesellschaft und Politik, als belastbare Personen in allen sozialen und privaten Zusammenhängen. Wie unsere Sprache müssten wir unsere gesamte Lebenspraxis radikal und bis in alle Einzelheiten ändern, wenn wir uns selbst und die anderen nicht mehr als frei begreifen wollten. Es wäre dies aber eine Änderung, auf die gar nichts mehr folgte, was für den Menschen noch irgendeine Bedeutung hätte. Ob die Zukunft so oder anders ist, muss dem Menschen ohne Freiheit egal sein, weil es bereits eine Illusion wäre, dazu Stellung zu nehmen.

Was Erasmus von Rotterdam über das Verhältnis des biblischen Gottes zum Adressaten seiner Worte sagt (siehe oben, 25), gilt nicht minder für die Beziehungen der Menschen untereinander und jedes Menschen zu sich selbst: In Erkennen und Handeln Gründe abzuwägen, andere mit Argumenten überzeugen zu wollen, dem anderen etwas versprechen oder übel nehmen, ihn tadeln, ihm dankbar sein – das alles verlöre seinen Sinn in der Annahme, dass in den menschlichen Beziehungen alles schon immer im Voraus festgelegt war. Die Option des Determinismus bleibt somit „eine akademische, das heißt, sie hat einen ähnlichen Status wie die Bezweiflung des Fremdpsychischen, die radikale Skepsis oder der Solipsismus." (Nida-Rümelin 2005, 41; vgl. Willaschek 2005, 52, Sp. 3)

Folgen wir der radikalen Ausgangshypothese von Neurowissenschaftlern wie Gerhard Roth und Wolf Singer, so haben wir davon auszugehen, dass jeder Aspekt unseres Verhaltens *sein Substrat* in hirnphysiologischen Prozessen hat. Hätten wir je etwas anderes erwartet? Doch die Rede vom neuronalen Substrat (wie von der materiellen Basis) ist vage und wenig aussagekräftig, und sie muss keineswegs besagen, dass unser Handeln durch hirnphysiologische Prozesse *vollständig festgelegt* ist. Dasselbe gilt vom Begriff des Korrelats. Substrate und Korrelate sind nicht dasselbe wie Ursachen. Wie unterscheiden wir, mit anderen Worten, die Behauptung einer notwendigen Voraussetzung von der eines Reduktionismus?

Gegen den Geltungsanspruch, den Philosophen mit *Gründen* als den Orientierungsinstanzen freien Handelns verbinden (siehe Kapitel 3, 72f.), ist gelegentlich angeführt worden, die Kraftlosigkeit der

Behauptung von Gründen zeige sich daran, dass noch niemand gezeigt habe, *wie ein Grund es anstelle, zur Ursache von Muskelbewegungen zu werden* (Merkel 2008, 45ff.). Allein – die von Libet (2005, 195) zugegebene „Lücke zwischen der Kategorie der physischen Phänomene und der Kategorie der subjektiven Phänomene" besteht in beide Richtungen: Zwar wird seit Libet, Singer und Roth in der Debatte häufig pauschal unterstellt, wir wüssten nunmehr, dass alle unsere Handlungen ihre vollständige Bestimmung in neuronalen Prozessen hätten. Doch ist dies eine salvatorische Lizenz an die Hirnforschung, gegen die sich anführen lässt, dass auch noch kein Neurowissenschaftler gezeigt hat, *wie ein neuronaler Zustand es anstellt, zum triftigen Grund für einen Handelnden zu werden.*

Es bleibt eine weitere Frage, auf die uns die Neurowissenschaft bisher die Antwort schuldig geblieben ist: Das Gehirn ist unter anderem „evolutionär erklärbar". Dies heißt immer auch, dass seine Funktionen sich im Rekurs auf entwicklungsgeschichtlich rekonstruierbare Vorteile erklären lassen. Nun müsste auch die „Illusion" der Willensfreiheit auf Hirnfunktionen zurückführbar sein. Insofern das Hirn immer auch „evolutionär erklärbar" sein soll, müsste sich auch der Wert dieser „Illusion" aufklären lassen: Wozu brauchte unser Hirn, wofür brauchten wir eine solche Illusion? Die Neurophysiologie vermag bislang nicht zu erklären, welche Funktion eine biologisch so aufwändige „Illusion" wie unser auf *Gründen* beruhendes Selbstverständnis haben könnte (siehe Habermas 2004, 879f.; Searle 2004, 50). Hätten wir dies begriffen, so bliebe zu klären, ob wir uns dann noch zutrauen dürften, sie einfach aufzugeben.

2

Die Vereinbarkeit von Determination und Freiheit: Kant und der Kompatibilismus

Vorgestellt wird die Begründung des Kompatibilismus, wie sie Immanuel Kant in der Auseinandersetzung mit dem Determinismus seiner Epoche bietet: Wir sind im Kausalnexus der Naturerscheinungen determiniert wie jedes andere Ding in der Welt; als vernünftige Wesen erheben wir zugleich den Anspruch, Subjekte einer „absoluten Spontaneität der Handlung" zu sein. Nach Kant sind beide Positionen berechtigt. Außer der Kausalität der Naturursachen darf eine Kausalität durch Freiheit angenommen werden.

In Kants Argumentation finden wir nicht allein die neuzeitliche Tradition des naturwissenschaftlichen Physikalismus seit Newton repräsentiert; auch die Antwort des Philosophen auf die kausaldeterministische Bestreitung menschlicher Freiheit ist exemplarisch. Seine Lehre von der Vereinbarkeit zweier Standpunkte der Reflexion hat Schule gemacht. Bis heute ist der Kompatibilismus in zahlreichen Varianten die vorherrschende philosophische Position zum Problem der Willensfreiheit. Doch der Dualismus des kantischen Typs ist nicht unbestritten. Nach einer exemplarischen Auswahl seiner neueren und neuesten Ansätze werden zeitgenössische Positionen des „libertarischen" Inkompatibilismus vorgestellt, die den Kompatibilismus durch grundsätzliche Argumente gegen den Determinismus für hinfällig erklären: Der Mensch fällt nicht aus der Natur heraus. Er hat in unseren Begriffen von Natur und Naturgesetzmäßigkeit Berücksichtigung zu finden. In Opposition zum deterministischen Physikalismus zeigt sich in solchen Positionen die Möglichkeit eines Naturalismus ohne Reduktion.

Das Modell des Kompatibilismus: Kant

Den *locus classicus* der freiheitstheoretischen Argumentation aus dem Selbstverständnis des Menschen finden wir bei Immanuel Kant (1724–1804). Für das Denken seiner Epoche, der Aufklärung, hatte die deterministische Physik Newtons „Gott in der Rolle des Freiheitsverhinderers abgelöst." (Rohs 2007, 1) Im 18. Jahrhundert schien es den französischen Materialisten bereits zum Programm einer konsequenten Aufklärung zu gehören, ‚streng wissenschaftlich‘ das Prinzip der kausalen Determination für alle menschlichen Regungen wie auch für die menschliche Gesellschaft zu behaupten (siehe bes. Holbach 1770). Als Zeitgenosse des beispiellosen Siegeszuges der mathematischen Naturwissenschaften geht Kant von dem Bewusstsein aus, dass Freiheit in einer physikalischen Weltkonzeption keinen Ort hat – wir deshalb jedoch nicht aufhören, im Bewusstsein der Freiheit zu handeln. Freiheit hat ihren Ort in einem vernünftigen Selbstverständnis. Sie ist eine Vernunftidee: ein Leitbegriff unserer Orientierung im Denken wie im Handeln.

Nach den Standards der Wissenschaft, die Kant für jede methodisch gesicherte Erkenntnis geltend macht, lässt sich Freiheit nicht beweisen. Ein Beweis ist – mit Ausnahme rein logischer Operationen – an Empirie gebunden. Wenn aber nur das als beweisbar akzeptiert werden kann, wofür es Zeugnisse der Sinne gibt, scheint der Philosoph mit Blick auf die Freiheit kapitulieren zu müssen. Denn das Empirische an menschlichen Handlungen sind immer nur Körperbewegungen; was an ihnen die Freiheit ausmacht, bekommen wir nicht zu sehen. Diese Einsicht ist der Ausgangspunkt aller Bemühungen Kants um den Freiheitsbegriff. Wenn sich Freiheit nicht nach Art eines physikalischen Tatbestands beweisen lässt, ist nicht gesagt, dass es sie nicht auf andere Weise gibt – und dass sie nicht auf diese andere Weise wirksam ist. Es gilt daher, diese andere Wirksamkeit und Wirklichkeit der Freiheit aufzuzeigen und zu beweisen, dass sie unverzichtbar ist. Das ist das Ziel, für das Kant argumentiert.

Kants Argumentationsprogramm besteht aus zwei Schritten. In einem ersten Schritt sichert er die *Denkmöglichkeit* von Freiheit: Die Annahme von Freiheit steht nicht im Widerspruch zum Konzept einer kausal determinierten Welt. In einem zweiten Schritt zeigt er die *Denknotwendigkeit* von Freiheit: Der Begriff der Freiheit ist für das Selbstverständnis des Handelnden unverzichtbar, „weil man sonst sich selbst mißversteht." (Kant 1788, 110)

Die Denkmöglichkeit von Freiheit

Kant war der Erste, der das spezifisch moderne Dilemma der Freiheit bei den Hörnern gepackt hat. Die Naturwissenschaften behaupten den Kausalnexus als lückenlosen Determinationszusammenhang, in den wie jedes Ding in Raum und Zeit auch der Mensch als Lebewesen eingebunden ist; der Mensch als selbstbewusstes Wesen behauptet dagegen seine Freiheit. In der „Kritik der reinen Vernunft" (1781; 2. Aufl. 1787) hat Kant dieses Problem unter den methodischen Titel einer Antinomie gestellt. In der Dritten Antinomie zeigt er in einem stringenten Beweisgang, dass es Freiheit nicht geben kann, um in dem – auch im Layout des Buches – daneben gestellten Beweis mit bezwingender Logik genau das Gegenteil darzutun. Beides ist wahr: dass es die Freiheit in der physikalisch verstandenen Natur nicht geben kann, und dass es sie geben muss. Darin liegt ein zunächst unauflöslich scheinender Widerspruch, der in der nachfolgenden Erklärung als vermeidbar aufgewiesen wird. Für den Physiker kann es die Freiheit nicht geben, für den handelnden Menschen hingegen darf es sie, ja: muss es sie geben, weil er anders nicht verstehen würde, was er ist und was er tut.

Mit dieser Deutung ist Kant zum Kronzeugen des modernen Kompatibilismus geworden, der Position, die Freiheit und Naturnotwendigkeit strikt unterscheidet und sie gleichwohl für vereinbar hält. Die weitreichende Bedeutung der Dritten Antinomie macht es nötig, sie genauer zu erläutern.

In der Vorrede zur ersten Auflage der „Kritik der reinen Vernunft" hatte Kant angekündigt, die menschliche Vernunft finde sich durch Fragen „belästigt", die sie ebenso wenig lösen wie von sich weisen könne (Kant 1781, A VIIf.) Gemeint sind Fragen nach letzten Prinzipien, mit denen unbeweisbare Annahmen gemacht werden müssen. Kant nennt die daraus entstehenden Probleme „Antinomien": unauflösbare Widersprüche, in die man sich verstrickt, wenn zwei letzte metaphysisch gleichwertige Antworten einander entgegenstehen. Die Vernunft findet Fragen nach dem Ganzen der Welt, nach ihrer Einheit, nach Anfang und Ende sowie nach ihrem Grund in sich vor – die Frage nach der Freiheit gehört dazu: Ist durch die Naturgesetze alles in der Kausalkette determiniert, oder gibt es Freiheit? Kant setzt sich mit dieser spekulativen Alternative auseinander und findet: Die These der durchgängigen Determination lässt sich mit ebenso guten Gründen vertreten wie die These der Freiheit. Beide scheinen Recht zu haben, es gibt auf der Ebene der stringenten Sachargumentation keine Möglichkeit, eine Entscheidung herbeizuführen.

Kant präsentiert zunächst den Beweisgang für beide Positionen. Die *Thesis* der Freiheitsbehauptung besagt, dass wir bei konsequenter Annahme allein von Naturkausalität in einen *infiniten Regress* geraten. Wenn wir von der durchgängigen Kausalverknüpfung ausgehen und das Programm lückenloser Erklärung verfolgen, dann müssen wir in der Kette der Verursachung nach jeder Begründung immer noch eine Stelle weiterfragen, bei jeder Ursache für eine Wirkung wiederum nach deren Ursache suchen und so immer weiter ins Unendliche, wodurch wir das Programm der Kausalbegründung *ad absurdum* führen. Die Behauptung einer durchgängigen Bestimmung durch Naturkausalität würde zu einem selbstwidersprüchlichen Satz, weil sich so die Begründung niemals zum Abschluss bringen lässt. Dagegen hilft nur, dass wir den gesamten Zusammenhang der Kausalverknüpfung auf einen ersten Anfang, einen Ursprung zurückführen, den wir uns als eine „absolute Spontaneität der Ursachen, eine Reihe von Erscheinungen, die nach Naturgesetzen verläuft, von selbst anzufangen" (1787, B 475) – bzw. eine „absolute Spontaneität der Handlung" (B 476) – zu denken hätten.

Mit der *Antithesis* der deterministischen Freiheitsbestreitung ist das Argument verbunden, dass wir durch die Annahme einer solchen absoluten Spontaneität ein Vermögen außerhalb der Welt (als der durchgängig nach Gesetzen verknüpften Welt der Naturkausalität) annehmen würden und durch die damit gegebene Konzession eines willkürlichen, regellosen Einflusses auch jede Berechtigung preisgäben, weiterhin von Natur*gesetzmäßigkeit* zu sprechen.

So stehen einander in bezwingender Argumentation die These des Determinismus und die These der Freiheit gegenüber – die These des Determinismus, der die Annahme einer absoluten, aus dem Kausalnexus losgelösten Spontaneität mit dem triftigen Einwand ablehnt, dadurch sei der Zufall, mithin die Irrationalität ins System gesetzt; und die These der Freiheit, für welche die Annahme einer absoluten Spontaneität sich aus der Notwendigkeit ergibt, innerhalb des Systems den unendlichen Regress zu vermeiden. Freiheit fällt hier mit der unbedingten Spontaneität zusammen – mit einer Selbsttätigkeit, die sich nicht auf anderes zurückführen lässt. Kant spricht von dem „Vermögen, eine Reihe von succesiven Dingen oder Zuständen von selbst anzufangen", und nennt dies Vermögen eine „absolute Spontaneität der

Ursachen" und „transscendentale Freiheit". (B 475f.) Der Ausdruck „transzendental" bezeichnet hier die Grundsätzlichkeit der Erklärungsebene: Eine als *transzendental* bezeichnete Freiheit ist noch nicht die in einzelnen Willensakten konkret werdende praktische Freiheit des Handelnden, sondern das grundsätzlich zu unterstellende Vermögen, das als die Voraussetzung aller einzelnen Handlungen – die eben dadurch Handlungen aus Freiheit sind – gedacht werden muss. Diese Freiheit ist die *Bedingung der Möglichkeit* eines absoluten Anfangs, als der jeder selbsttätige Akt gedacht werden muss.

In einer auf das Ganze der physikalischen Welt bezogenen Fragestellung geht es Kant um den Nachweis eines für jede Erklärung eines Ganzen benötigten Ursprungs. Der Fluchtpunkt der Reflexion liegt in einer schöpfungstheologischen Hypothese: Selbst noch der ausdrückliche Bezug auf die „Freiheit des Willens" (B 476) lässt sich in den theologischen Gedanken vom Ursprung der Welt aus einem tätigen Gott integrieren. Allein – wenn es gelingt, die Denkmöglichkeit einer solchen absoluten Spontaneität überhaupt zu erweisen, haben wir auch das Modell zum Verständnis menschlicher Freiheit als einer Selbsttätigkeit, die sich nicht in natürliche Kausalketten auflösen lässt. Denn jede Handlung ist ein Ganzes, das einen Anfang haben muss, aus dem heraus wir sie verstehen.

Das Beispiel, das Kant für diese Leistung gibt, macht deutlich, woran er denkt: „Wenn ich jetzt […] von meinem Stuhle aufstehe, so fängt in dieser Begebenheit sammt deren natürlichen Folgen ins Unendliche eine neue Reihe schlechthin an". (B 478) Der zunächst ganz abstrakte Begriff einer absoluten Spontaneität der Ursachen läuft somit auf die Selbstbewegung hinaus, die der Mensch nur von sich selbst her kennt.

Nun liegt in der Veranschaulichung des Freiheitsbegriffs durch lebensnahe Beispiele noch keine schlüssige Erklärung der Antinomie. Diese leistet Kant (B 560–586) durch den Nachweis, dass der Widerspruch zwischen Thesis und Antithesis nur ein scheinbarer ist. Deshalb kann auch von der „Auflösung" der Antinomie die Rede sein: Die Behauptungen, die hier gegeneinander stehen, liegen durch ihren methodisch unvergleichlichen Zugang zur Sache auf ganz unvergleichlichen Ebenen und können deshalb einander nicht wirklich widersprechen. Wir beurteilen dieselben Zusammenhänge von Handlungen in der Welt das eine Mal allein aus dem Gesichtspunkt des Verstandes, für den das Gesetz der Kausalität als das der durchgängigen Verknüpfung aller Gegenstände gilt. Das andere Mal beurteilen wir sie aus dem Gesichtspunkt der Vernunft, für die es außer Objektrelationen durch Verstandeskausalität noch weiter reichende und übergeordnete Gesichtspunkte gibt – spekulative Vorstellungen von Einheiten, die es erlauben, uns in der Welt zu orientieren. Kant nennt sie, im Anschluss an Platon und durchaus in Übereinstimmung mit dem Alltagsverständnis: „Ideen" (B 368ff.). Ideen aber braucht jeder, der mit der Erkenntnis der Naturgesetze sinnvoll umgehen will.

Kants Beweisgang setzt sein System der Philosophie voraus. Seine Überlegungen basieren auf Begriffen, um die es in der „Kritik der reinen Vernunft" *in toto* geht. Seine Theorie der Freiheit beruht zum Beispiel auf der erkenntnistheoretischen Unterscheidung zwischen den *Dingen an sich* und den *Erscheinungen*. Diese Unterscheidung für die Erkenntnis, in der wir unter keinen Umständen die Dinge so betrachten können, wie sie sich selbst betrachten könnten, wird auf den *handelnden* Menschen angewandt. Der Verstand sieht den Menschen und seine Handlungen nur nach der Art, wie ihm in seiner Beziehung auf Sinneseindrücke alles in der Natur erkennbar ist: als Erscheinung. Der Mensch ist als Vernunftwesen aber mehr als jedes x-beliebige Ding, das uns als Erscheinung gegeben ist; er ist sich selbst aus der Perspektive seiner eigenen Vernunft immer auch ein Ding an sich. In dieser Vernunftperspektive gründet die Möglichkeit des Menschen, sich in seinen Handlungen als ein spontanes, aus sich heraus tätiges Wesen vorzustellen. In ihm selbst ist die „Causalität durch Freiheit" (B 472) wirksam.

Anders ausgedrückt: Wir können mit dem Verstand immer nur den empirischen Charakter des Menschen erkennen. Wir betrachten, auch wenn es um seine Triebe, Bedürfnisse und Motive, selbst wenn es um seine neuronalen Aktionspotentiale geht, stets nur seine „Außenseite". Das ist der Aspekt, den er mit allen anderen möglichen Objekten unserer Erkenntnis teilt. Wir müssen aber, angeleitet durch die je eigene Selbsterfahrung als eines selbstbewussten und denkenden Wesens, auch eine die empirische Erkenntnis organisierende und orientierende Fähigkeit annehmen, die es uns erlaubt, mit diesen Erkenntnissen umzugehen. Sie erfahren wir gleichsam als die „Innenseite" unserer Person. Kant (B 574f.) nennt sie deren „intelligiblen Charakter".

Am Beispiel einer boshaften Lüge schildert Kant, wie wir zwar eine willkürliche Handlung aus ihren „Bewegursachen" zu erklären und dabei den „empirischen Charakter" des Menschen aus den Einflüssen seiner Entwicklung bis hin zu schlechter Erziehung und übler Gesellschaft begreiflich zu machen suchen. Nichtsdestoweniger aber tadeln wir die Handlung, „als ob der Thäter damit eine Reihe von Folgen ganz von selbst anhebe." Wir sehen in solchem Urteil die Vernunft, „welche das Verhalten des Menschen unangesehen aller genannten empirischen Bedingungen anders habe bestimmen können und sollen", als Quelle einer „Causalität durch Freiheit an". (B 583)

Die Denknotwendigkeit von Freiheit

Mit seiner Beschreibung der Urteils- und Handlungsperspektive bringt Kant das alltägliche Bewusstsein auf den Punkt. Wir vertrauen auf die unverbrüchlichen Gesetze der Natur und halten uns selbst dennoch für frei. Es müssen schon „Beweggründe" von pathologischem Zuschnitt, wie etwa bei einer Sucht oder einer extremen Leidenschaft, geltend gemacht werden, damit wir von dieser Sicht abrücken (siehe auch Strawson 1962). In seiner „Grundlegung zur Metaphysik der Sitten" (1785), entschiedener noch in der „Kritik der praktischen Vernunft" (1788), widmet sich Kant dem zweiten Argumentationsschritt, dem Nachweis der Denknotwendigkeit von Freiheit, indem er den in der Auflösung der Dritten Antinomie bereits eingeschlagenen Weg einer Argumentation aus dem Selbstverständnis methodisch auslegt. Wann immer ich handle, will ich *etwas*: Ich verfolge einen Zweck, eine Absicht, ich will etwas durchsetzen, an dem mir liegt. Ich gehe also davon aus, dass es darauf ankommt, was ich tue – und ich rechne mir meine Handlung auch zu. Mit Blick auf den Anspruch meiner Willensäußerung wäre es unsinnig, davon auszugehen, dass ich darin nicht frei wäre.

Eine methodisch ausgezeichnete Rolle in diesem Ernstnehmen meiner selbst als Träger eines freien Willens spielt für Kant das Bewusstsein von der Geltung moralischer Normen. Er setzt an beim tatsächlichen Selbstbewusstsein des Handelnden: dem Bewusstsein von der Moraldifferenz seines Handelns. Kant (1788, A 56) spricht von einem „Factum der Vernunft", das im Bewusstsein der Geltung des Sittengesetzes zu sehen sei; dieses Bewusstsein macht sich als Gefühl der Achtung fürs Gesetz bemerkbar (A 127ff.). Aus dem Faktum der Vernunft lässt sich Willensfreiheit ableiten, denn das darin artikulierte moralische Selbstverständnis ist das Bewusstsein eines Sollensanspruchs, der nur unter der Voraussetzung von Freiheit gilt. Die Differenz von Sein und Sollen besteht nur für ein Wesen, das in seinen Handlungen prinzipiell auch anders handeln kann. So ist laut Kant zwar die Freiheit die *ra-*

tio essendi (der Seinsgrund) des Sittengesetzes, während zugleich das Sittengesetz die *ratio cognoscendi* (der Erkenntnisgrund) der Freiheit ist (A 5). Noch Max Planck (1936, 282), der Entdecker der Quantenphysik, wird ebenso argumentieren und den freien Willen „verbürgt" sehen im Bewusstsein sittlicher Verantwortung.

„Handle nur nach derjenigen Maxime, durch die du zugleich wollen kannst, daß sie ein allgemeines Gesetz werde." (Kant 1785, 421; siehe Kapitel 3, 80) So bringt Kant das Sittengesetz auf die Formel eines kategorischen Imperativs. Hier wird dem Bedürfnis nach Orientierung über Richtig und Falsch im Tun und Lassen ein Kriterium der Prüfung gegeben: Ich soll dafür sorgen, dass mein subjektiver Handlungsgrundsatz sich zu einem allgemeinen Gesetz erklären ließe, an das sich jeder Handelnde in der gleichen Situation zu halten hätte. Vereinbarkeit meiner Freiheitsäußerung mit dem legitimen Freiheitsanspruch der Anderen ist somit das Kriterium einer moralischen Handlung.

Der Gedanke, der dem Handelnden hier abverlangt wird, ist an die eigene Einsicht – und somit an Freiheit – gebunden. Die Idee der Freiheit erweist sich somit als unentbehrliche Voraussetzung für ein aufs Handeln angewiesenes vernünftiges Wesen. Wer handelt, der macht eben damit schon Gebrauch von seiner Freiheit. Aus dieser Einsicht folgt für Kant die entschiedene Verteidigung der Willensfreiheit: „Ich sage nun: Ein jedes Wesen, das nicht anders als unter der Idee der Freiheit handeln kann, ist *eben darum* in praktischer Rücksicht wirklich frei." (448)

Neuere und neueste Varianten des Kompatibilismus

Mit seiner Reflexion auf die Vereinbarkeit von Naturnotwendigkeit und Freiheit wird Kant zum Gründungsvater eines methodisch reflektierten Kompatibilismus. Die kantische Gedankenfigur von den „zwei Standpunkten", die der Mensch einnehmen kann (452), enthält zwar keinen Freiheitsbeweis, wohl aber ein starkes Argument für die Wirklichkeit der Freiheit. Sie hat Schule gemacht. Die Mehrheit der philosophischen Verteidiger der Freiheit vertritt heute einen Kompatibilismus nach kantischem Modell.

Gelegentlich stößt man auf die Behauptung, die Vereinbarkeitsthese des Kompatibilismus bezöge sich lediglich auf einen ermäßigten Begriff von Freiheit – auf bloße *Handlungsfreiheit* (siehe Pothast 1978,

15f.; Steinvorth 1987, 16). Das Missverständnis, das darin liegt, ist offenkundig: Mit einer solchen Vereinbarkeit wäre gerade keine Lösung des harten Problems der Willensfreiheit erzielt. Im Rekurs auf die klare Exposition des Problems bei Kant, und auch im Blick auf einen radikalen Protagonisten des kausalen Determinismus wie Schopenhauer (siehe Kapitel 1, 33), lässt sich dies leicht erkennen. Der Angriff des Determinismus bezieht sich gar nicht auf die Freiheit zu *tun*, was ich will, er bestreitet vielmehr die Freiheit des Wollens: Ich wäre nicht frei zu *bestimmen*, was ich will. Deshalb kann auch nur die These der Vereinbarkeit von *Willensfreiheit* und Determination einen Beitrag in der heute geführten Debatte darstellen. Nicht anders haben wir Kants Position und die im Folgenden vorgestellten Ansätze zu verstehen.

Heute wirkt Kants Reflexion durch die Rede von der absoluten bzw. unbedingten Spontaneität der Ursachen auf manchen Leser missverständlich – als hätte Kant einen Willen behauptet, der in keiner Weise bestimmt wäre. In diesem Sinne hat der im 20. Jahrhundert wohl radikalste Verfechter einer „Kausalität durch Freiheit" mit einer auf Aristoteles zurückgehenden Metapher provokant von einem „unbewegten Beweger" (Chisholm 1964, 82) gesprochen und sich damit eine ebenso große wie vermeidbare Erklärungslast zugezogen. Denn die Frage ist sogleich, wie die damit behauptete mentale Verursachung denn zu denken sei. Kritische Autoren haben gegen die unterstellte Option eines durch nichts bestimmten Willens geltend gemacht, dass ein solcher absoluter Wille nicht nur schwer vorstellbar sei, sondern offensichtlich auch nicht das sein könne, was man sich unter dem eigenen Willen vorstellen möchte: Als völlig unbestimmt wäre der Wille gänzlich beliebig und paradoxerweise jedem Zufall ausgesetzt. Der freie Wille sei dagegen gerade ein bestimmter – bestimmt durch eigene Einsichten und Gründe, an die sich der Wollende gebunden sähe (Bieri 2001).

Eben das ist die Pointe von Kants Freiheitsbegriff. Wenn er von absoluter Spontaneität spricht, so ist dies bezogen auf den vorausgesetzten Kausalnexus: Von dessen determinierender Wirkung ist der Wille „frei". Von ihm ist zwar alles getragen, was es in der Welt gibt, aber der Wille kann sich von ihm lösen, indem er darin *seinen* Anfang setzt. Damit ist nicht gesagt, der freie Wille sei völlig unbestimmt: Er ist bestimmt durch das Gesetz des Handelns, das er sich aus vernünftiger Einsicht selbst auferlegt (siehe Kapitel 3, 80).

Die geschilderten Schwierigkeiten lassen erkennen, dass Kants Terminologie ebenso erläuterungsbedürftig ist wie seine Position. Ein

Gutteil der Bemühungen zeitgenössischer Freiheitsdualisten besteht in der Suche nach einer angemessenen Explikation des von Kant in die Welt gebrachten Gedankens.

Zu dem oben zurückgewiesenen terminologischen Missverständnis, der Kompatibilist verträte die Vereinbarkeit von Handlungsfreiheit und Determination, hat vermutlich die anhaltende Nachwirkung jenes Lösungsvorschlags beigetragen, den George Edward Moore (1873 bis 1958) mit seiner Konditionalanalyse des Ausdrucks „können" 1912 unterbreitet hatte. In einer Gegenüberstellung, die rein formal an Kants Dritte Antinomie erinnert, stellt Moore (1912, 150) fest, dass dieses Verb in der Behauptung eines „(Nicht-)Anders-Könnens" für den Deterministen und für den Freiheitsverteidiger unterschiedliche Bedeutung habe. Moore (vgl. 150ff.) postuliert, dass der Satz „Ich *hätte* anders handeln *können*" keineswegs als eine Behauptung kausal uneingeschränkter Möglichkeiten gemeint sei, sondern nur als die Versicherung „Ich *würde* anders gehandelt *haben, wenn* ich mich anders *entschieden hätte*".

Unerachtet der Frage, ob die semantische Analyse richtig ist (siehe die Kritik bei Austin 1956), konnte es nicht verborgen bleiben, dass diese ‚Auflösung' des Problems jedenfalls keine Aussage darüber enthält, ob wir die Möglichkeit hatten, anders zu entscheiden. Sie verschiebt das Problem vielmehr von der Willensfreiheit auf die Handlungsfreiheit und präsentiert sich gleichwohl als eine Vereinbarkeitsthese. Lehrreich ist der Fall trotzdem, denn tatsächlich hält es Moore (1912, 154) *neben* seinem linguistischen Befund auch für zweifelsfrei, dass es so etwas gibt „wie das Aufsichnehmen einer Anstrengung, um sich selbst dazu zu bringen, sich für einen bestimmten Weg zu entscheiden." Moore sieht somit die Freiheit der Willensentscheidung darin gegeben, dass diese Entscheidung ein *uns zu Gebote stehender* deliberativer Prozess ist. Damit gesteht er unabsichtlich ein, dass das gesuchte Argument für die Freiheit nicht bereits durch die Analyse des Sprachgebrauchs gegeben ist.

Nah an der kantischen Konzeption bleibt Ernst Cassirer (1874 bis 1945). In der Debatte der 1930er Jahre weist er den Anspruch der Inkompatibilisten unter seinen Zeitgenossen, auf die Entdeckung der Unbestimmtheitsrelation durch Max Planck eine – gleichsam quantenphysikalisch ermöglichte – Freiheit zu gründen (siehe Jordan 1971; Rohs 1996, 232ff.; Suhm 1997 und 2003), entschieden zurück. Um die Ethik als methodische Bemühung um die menschliche Freiheit wäre es schlecht bestellt, wenn sie ihre Autorität nicht anders aufrechterhalten könnte als durch die Suche nach Lücken in der wissenschaftlichen Naturerklärung. Die Autorität der Moral lässt sich nicht in der Unbestimmtheit subatomarer Wirkungsquanten fundieren. Die eigentümlichen Prinzipien und Gründe der Bestimmung, die für das Handeln des Menschen erforderlich sind, lassen sich nicht auf der Ebene physikalischer Naturerklärung ausfindig machen – ganz gleich, ob die klassische oder die quantentheoretische Physik Pate steht. Es kann also nicht darum gehen, „innerhalb des empirischen Geschehens den Zwang der ‚strengen Naturgesetze' zu durchbrechen oder irgendwie zu lockern", sondern allein darum, „einen neuen *Gesichtspunkt* zu finden". (Cassirer 1936, 238) Menschliche Handlungen „sollen einer doppelten *Beurteilung* fähig und zugänglich sein; sie sollen als Ereignisse in der Zeitreihe kausal determiniert sein. Aber ihr Gehalt und Sinn soll nicht in diesem Determinismus aufgehen."

Max Planck (1936, 283) selber teilte Cassirers Auffassung; die Legitimität der „zwei Standpunkte" ist ihm aus der Sicht des Physikers durch die methodische Auflage an jede naturwissenschaftliche Theorie vertraut: Für die Sicherung ihres Geltungsanspruchs ist die „Wahl des Bezugssystems" (285) erforderlich. Die Notwendigkeit des Kompatibilismus drängt sich Planck durch den *epistemischen Indeterminismus* in der Frage der Willensfreiheit auf: Während aus der vollständigen kausalen Determination für den Bereich der Naturerkenntnis die Strukturgleichheit von Erklärung und Prognose folgt, gilt für unsere eigenen künftigen Willensentscheidungen, dass wir sie durch die unvermeidliche Verwicklung unserer Erkenntnis mit der Spontaneität unseres Willens niemals voraussehen können (284).

Auch in der aktuellen Debatte findet sich eine Fülle von kompatibilistischen Positionen des kantischen Typus. So argumentiert etwa Michael Pauen (2004) auf der Basis hypothetisch-wohlwollender Akzeptanz des neuronalen Determinismus und unter Rekurs auf die bereits von Aristoteles entwickelten Kriterien freiwilligen Handelns (siehe Kapitel 3, 82). Er betont, dass wir mehr als der *Selbstbestimmung* im Handeln und Entscheiden nicht bedürfen, um an einem belastbaren Begriff menschlicher Willensfreiheit festzuhalten. Solche Selbstbestimmung hängt an zwei Kriterien: an *Autonomie*, als Abwesenheit von Zwang, und an *Urheberschaft*, durch welche meine Handlungen mehr sind als zufällige Ereignisse; sie sind vielmehr Tätigkeiten, die mir selbst zugeschrieben werden können. In den Situationen, in denen wir aufgrund unserer *persönlichen Präferenzen* handeln können, sind diese Kriterien zweifelsfrei erfüllt. Zuzugeben ist allerdings: Es gibt Grade der Freiheit. Nicht immer erlaubt uns die Situation, in der wir zwischen unseren Möglichkeiten zu entscheiden haben, die Befriedigung (aller) unserer Präferenzen. Doch im Großen und Ganzen fällt Pauens (2004, 241) Bilanz ermutigend aus: „Ob wir frei handeln können oder nicht, hängt nicht davon ab, ob unsere Welt determiniert ist."

Wie wir uns am Beispiel unserer Handlungsentscheidungen anschaulich machen können, hindert uns selbst die neuronale Determination nicht an dem, was wir wollen und was uns wichtig ist. Pauen stärkt den Kompatibilismus durch die Pointe eines Reflexionsargumentes: Wir können den Determinismus kalten Blutes gelten lassen. Unerachtet der Frage, ob wir absolut frei sind: Wir sind *frei genug*. Blicken wir auf unsere Praxis, so werden wir finden, dass der Determinismus sie uns nicht wirklich streitig machen kann. Denn offenbar *können* wir all das, was wir tun und lassen, und wir können es oft sogar zu unserer Zufriedenheit. Mehr als das brächte uns auch eine Widerlegung des Determinismus nicht ein. Selbst ein positiver Freiheitsbeweis hätte uns praktisch nicht mehr zu bieten.

Eine neue Prägnanz gewinnt die reflexionsdualistische These bei Marcus Willaschek. Zwar geht er davon aus, dass das Gehirn ein lokales determiniertes System ist, dass uns jedoch im Normalfall die Naturgesetze nicht daran hindern, unseren Willen nach Einsichten und Gründen zu bestimmen. Wir haben auch keinen Anlass zu argwöhnen, dass das, was wir in Zusammenhängen des Handelns als Einsichten und Gründe begreifen, nicht den Status von Einsichten und Gründen habe, denn es gibt – gegen den Kurzschluss aus bisherigen Experimenten – keine naturwissenschaftlichen Forschungsbefunde, die deren neuronale Determination bewiesen hätten. Nur wenn besondere, über das normale Maß der Abhängigkeit von den Naturgesetzen hinausgehende Faktoren der Einschränkung oder Behinderung gegeben sind, ist es angebracht, unsere Willensentscheidungen als unfrei zu begreifen. Fremdbestimmende Determination kann in der neuronalen Wirkung von Drogen und in pathologischen Zuständen aller Art vorliegen. Wir dürfen folgern: Nicht weil ich ein Gehirn habe, bin ich unfrei; mein Wille kann jedoch durch einen Gehirntumor seine Freiheit verlieren.

Ähnlich hatte für den Bereich sozialer Fehlleistungen bereits Peter F. Strawson in seinem viel diskutierten Aufsatz „Freedom and Resentment" (1962) für die Freiheit – und für den Kompatibilismus – argumentiert. Strawson will uns im anthropologischen Rekurs auf unsere *tiefverwurzelten menschlichen Regungen* die Implikation ins Bewusstsein rufen, die es birgt „in gewöhnlichen Beziehungen mit anderen Personen zu stehen". (Strawson 1962, 208) Ausgehend von den „moralischen Empfindungen" (231) im Spannungsfeld wechselseitiger Erwartungen, etwa auf Achtung, Rücksicht und Wertschätzung, macht er geltend, dass wir Verletzungen solcher Erwartungen durch Andere nur unter exzeptionellen Bedingungen verminderter Zurechnungsfähigkeit entschuldigen, mit denen der Andere zugleich zum Fall einer – therapeutischen oder pädagogischen – *Behandlung* und damit zum Objekt einer sozialen Strategie wird. Die „objektive Haltung" (211), die wir ihm gegenüber unter Verzicht auf unsere üblichen Erwartungen einnehmen, lässt sich nicht auf alle Menschen ausdehnen, sondern nur unter dem Eindruck besonderer Entschuldigungsgründe aufbringen. Die – inakzeptable – Generalisierung dieser objektiven Haltung wäre aber die Konsequenz, zu der uns ein Determinismus der Willensfreiheit nötigen würde.

Willaschek (2002, 2005 und 2008) überführt eine solche Reflexion auf die Normalbedingung menschlicher Regungen (wie Übelnehmen, Mitleid, Dankbarkeit, Empörung und Missbilligung) in ein allgemeines Theorem, indem er – in Analogie zu Kants Naturkausalität und Kausalität durch Freiheit – generell einen *explanativen Kontext der Verursachung* von einem *evaluativen Kontext der Begründung* unterscheidet. Er bestärkt den kantischen – wie den Strawson'schen – Kompatibilismus durch die Einsicht, dass determinierende Ursachen, wiewohl stets präsent und wirksam, nur insofern erklärungsrelevant für das ansonsten von Gründen bestimmte Handeln sind, als der Erklärungsbedarf über das normale Maß hinausgeht. Und das heißt: in Ausnahmefällen.

Auch Jürgen Habermas (2004, 876) behauptet die Koexistenz und Nichtreduzierbarkeit der komplementär verschränkten Wissensperspektiven von *Beobachterperspektive* und *Teilnehmerperspektive*. Er erweitert das Spektrum der kompatibilistischen Argumentation um das Programm, die Dualität dieser epistemischen Perspektiven anthropologisch aus der naturgeschichtlichen Dynamik der Anpassung zu erklären.

Einwände gegen den Kompatibilismus

Nicht allein von Determinsten, auch von Verteidigern der Freiheitsidee ist der Kompatibilismus als unplausibel kritisiert worden: Was ist
der Fluchtpunkt des Perspektiven-Dualismus; was ist die Wahrheit der
in Anspruch genommenen doppelten Beurteilung? Ist diese Doppe-
lung methodisch legitim? Besteht nicht gerade hier die Gefahr, dass wir
uns in einer rein gedanklichen Position etwas vormachen und eine Illusion mit der Realität verwechseln? Solche Fragen finden sich bei einer
ganzen Reihe jener Denker, die sich selbst als „Libertarier" bezeichnen: Sie sind in der Frage der Vereinbarkeit von Determination und
Freiheit Inkompatibilisten, indem sie die Freiheit unter Bestreitung des
Determinismus behaupten. Für sie ist Freiheit „nichts anderes als die
naturalistische Unterbestimmtheit unserer Handlungs- und Urteils-
gründe". (Nida-Rümelin 2005, 171) Wenn der Determinismus Recht
hätte, so wäre Freiheit nicht zu retten (so auch Seebaß 2006, 131–168).
Allein – der Determinismus darf bezweifelt werden (siehe Falkenburg
in Sturma 2006).

Mit einiger Ironie ist darauf hingewiesen worden, dass wohl niemand auf die Idee der Vereinbarkeit von naturgesetzlichem Determinismus und menschlicher Willensfreiheit käme, der nicht durch philosophische Bücher dazu angeleitet worden wäre: Den Kompatibilismus
verbinde mit dem Determinismus, dass beide typische Seminartheo-
rien seien (Keil 2007). Auch für Geert Keil liegt das entscheidende
Argument in der Einsicht, dass von einer lückenlosen Determination
durch Naturgesetze ernsthaft nicht die Rede sein kann. Keil geht diese
Option radikaler an als diejenigen, die dem faktischen Stand der naturwissenschaftlichen Forschung mit der Lizenz eines noch ausstehenden
Beweises entgegenkommen. Mit seiner erkenntnistheoretischen Argumentation, die sich exemplarisch gegen Kants Annahme eines lückenlosen Kausalnexus in der Dritten Antinomie richtet, nimmt er bereits
am Begriff des Naturgesetzes Anstoß.

Welchen Status hat eigentlich ein Naturgesetz? Folgen wir Keil, so
beginge Kant einen schweren Fehler, indem er – entgegen der Einsicht,
die ihm mit der Unterscheidung zwischen Dingen an sich und Erscheinungen für uns (siehe oben) bereits zu Gebote stand – die Naturgesetze
als etwas objektiv Gegebenes und darin Absolutes begreift. Keil artikuliert seine Kritik in erkenntnistheoretischen Ausdrücken, die aus dem
mittelalterlichen Universalienstreit um den Status der Begriffe genom-

men sind: Sind die Begriffe eigentlich *Realia* (objektive Realitäten), oder sind sie bloße *Nomina* (von Menschen gegebene Namen)? Was Kant also vorzuwerfen wäre, sei eine *universalienrealistische Auffassung des Gesetzesbegriffs*, durch welche der Determinismus überhaupt erst den Anschein einer unbestreitbaren Wahrheit bekomme.

Kant fasst den Begriff der Naturgesetzmäßigkeit so, als ob es sich dabei um Realitäten handle. Mit gravierenden Folgen für uns selbst: Wir denken die Naturgesetzmäßigkeit unter Ausschluss der Tatsache, dass auch wir selbst zur Natur gehören, und wir kommen gar nicht auf die Idee, dass wir im Konzept von ihr angemessen berücksichtigt sein müssten. Kant nimmt die Naturgesetze so, als ob sie schon *vor* dem Menschen feststünden. „Die Welt wird als etwas vorgestellt, was alle Gesetze (besser: Gesetzmäßigkeiten) schon enthält; dann kämen wir dazu und müssten im ‚Naturmechanismus‘ unseren Platz finden – nur um festzustellen, dass für uns und unsere freien Handlungen kein Platz freigehalten ist. Eben dies drückt ja auch die deterministische Rede von einem ‚lückenlosen Zusammenhang‘ aus, der die mechanistische Metapher von der Welt als einem kraftschlüssigen Räderwerk zugrunde liegt. Richtigherum ist es aber so: Das primäre Datum ist das tatsächliche Weltgeschehen, das unter anderem uns und unsere Handlungen umfasst." (Keil 2007, 122f.)

Mit Keils Einwand fällt auf, dass es in der Tat eine seltsame Konstruktion ist, die der Determinismus uns zumutet: Wir hätten uns die Welt so zu denken, als wäre sie alles, was der Fall ist – nur ohne uns und unsere Beschaffenheit. Gegen den universalienrealistischen Gesetzesbegriff, nach dem die Gesetze vorgängig feststehen, wird daher von Keil ein nominalistischer Gesetzesbegriff in sein Recht gesetzt, nach dem Gesetze nichts anderes sind als „wahre Gesetzesaussagen" (122) – deren Wahrheit an nichts anderem hängt als am Weltverlauf, zu dem wir selber gehören, den wir aber auch erst feststellen müssen (vgl. 123). Wenn sich der Fehler vermeiden ließe, Naturgesetzmäßigkeit als etwas zur Gänze von uns Unabhängiges zu konzipieren, dann hätte sich mit der Vermeidung des Determinismus zugleich auch der Kompatibilismus erübrigt.

Ähnlich radikal bestreitet Volker Gerhardt die in der Dritten Antinomie akzeptierte methodische Unterstellung. Zwar muss Freiheit aufgrund ihrer semantischen Einbindung in die Verständigung über Gründe „als etwas kategorial von der Natur Verschiedenes" begriffen werden; sie ist darin „nichts anderes als die *von uns selbst gewollte*

Wirksamkeit unseres eigenen Tuns" und insofern „ein Ausdruck des *Selbst-Verhältnisses* des Menschen". (Gerhardt 1999, 241) Doch der Kompatibilismus ist damit nur scheinbar bekräftigt. Eine Abkehr von ihm liegt bereits in der Einsicht, dass die Freiheit nicht, selbst nicht im Sinne eines Perspektivenwechsels, als „Freiheit von den Gesetzmäßigkeiten der Natur" missverstanden werden darf. Sie setzt vielmehr gerade den „geschlossenen Naturzusammenhang voraus": „Um sich als frei erfahren zu können, muß man sich auf die unverbrüchliche Ordnung der Natur verlassen können", die wir als „strenge Determination des uns bekannten Geschehens" voraussetzen, um überhaupt handeln zu können (242). Wir setzen, so macht Gerhardt an Beispielen sozialer Handlungen anschaulich, auf die Konsistenz der natürlichen Elemente wie Wasser und Luft, auf die Gesetze der Schwerkraft, auf das Raum-Zeit-Kontinuum und die Regelmäßigkeit der gewohnten Naturerscheinungen. „Daher wäre es die pure Gedankenlosigkeit, von einem *Gegensatz* (oder einem *Konflikt*) zwischen Natur und Freiheit zu sprechen." (247)

Doch ist die damit bewusst gemachte Angewiesenheit des freien Willens auf die „strenge" Naturdetermination etwas anders als die übliche Prätention auf einen lückenlosen Kausalzusammenhang. Gerhardt macht geltend, dass wir erstens diesen Zusammenhang gar nicht vollständig kennen; und dass er nach allem, was wir davon kennen, zweitens nicht lückenlos ist. Im Sprechen aus der Perspektive des Determinismus wird stets so getan, als hätten wir einen vollständigen Überblick über einen homogenen und prinzipiell unendlichen Nexus. Dies sei Ausdruck einer habituellen Anmaßung: Wir täten so, als könnten wir die Welt *sub specie aeternitatis* sehen – von einem Standpunkt, der unserer begrenzten Erkenntnis überhaupt nicht zugänglich ist.

Die Zurückweisung dieser methodischen Anmaßung hat Folgen für einen anderen Blick auf die Natur als die Umgebung dessen, was wir als unsere eigene Spontaneität begreifen. In der Auseinandersetzung mit dem inzwischen zum Gemeinplatz gewordenen Einwand Nietzsches, das Von-selbst-Anfangen sei eine Täuschung, entzieht Gerhardt dem Gegensatz, von dem die Dritte Antinomie lebt, den Boden: Wir beobachten überall in der Natur jähen Anfang und jähes Ende: „Für *endliche Wesen*, die selbst einen Teil dieser Natur bilden und die folglich keinen vollständigen Überblick über alle Vorgänge haben können, ist alles im Werden. *Das Werden aber ist die Summe von Prozessen, die alle ihren Anfang und ihr Ende haben.*" (253) Das metaphysisch belastete Problem des Anfangens bestehe somit nicht. Daraus ergäbe sich auch für uns selbst die völlig unkomplizierte Lizenz zum Anfangen. Der Spontaneität des Menschen ist mit der Bestreitung ihres Ausnahmestatus ihre exorbitante Dramatik genommen: Auch wenn er sich selbst im Begriff der Spontaneität als einen Anfang begreift, muss sich der Mensch nicht aus der Natur herausnehmen (siehe 254).

Der Mensch braucht sich nicht aus der Natur herauszunehmen, wenn er sich selbst als frei begreift. Mit dieser Option kündigt sich eine Zurückweisung des Kompatibilismus und damit eine radikale Freiheitstheorie an: ein *Naturalismus der Freiheit*, der mit physikalischem Reduktionismus nichts gemein hat. Mit der Einordnung des Menschen als freies Wesen in den Zusammenhang der Natur geht der Anspruch einher, die Natur auf der Grundlage eines Begriffs vom Lebendigen selber schon als ein Potential der Freiheit zu fassen. Für Gerhardt widerspricht der Bekräftigung der strengen Determination nicht der Hinweis auf „Spielräume in der Natur": Diese ergeben sich aus nichts anderem als aus der „Vielzahl konkurrierender Einflußfaktoren" in „sich überlagernden Kausalreihen"; in diesen Spielräumen realisiert der Mensch, wie alle anderen Lebewesen auch, seine Möglichkeiten; deshalb darf und muss die Freiheit in der Natur lokalisiert werden (243). Im Konzept der *Selbstbestimmung* ist damit die „Koinzidenz von Freiheit und Natur", ja: überhaupt die Kontinuität von natürlichen und geistigen Prozessen behauptet. Schon in der belebten Natur ist die Selbstorganisation des Lebens zu beobachten, in der sich etwas Geistiges zeigt (siehe Heisenberg in Heilinger 2007). Diese steigert sich beim Menschen zu Selbstbewusstsein und Selbstbestimmung, durch die er sich vor anderen, auch intelligenten Lebewesen auszeichnet (Gerhardt 1999, 232; vgl. Plessner 1928).

Auch Jürgen Habermas (2004, 872) versteht die Debatte um Freiheit und Determinismus als die Auseinandersetzung um die angemessene Form einer „Naturalisierung des Geistes" und bezeichnet seine *prima facie* kompatibilistische Position als einen „weichen Naturalismus". Der epistemische Perspektivendualismus ist nach seiner Einschätzung anthropologisch verwurzelt. Er ist aus einem evolutionären Lernprozess hervorgegangen (881; 884): Durch die Angewiesenheit des Menschen auf Lernen in der sozialen Interaktion prägt sich sein objektives Verhältnis zur Welt in propositionalen Einstellungen *gleichursprünglich* mit der kooperativen Intersubjektivität aus. „Ohne Intersubjektivität des Verstehens keine Objektivität des Wissens." (885) In dieser Verschränkung liegt der evolutionäre Ursprung der Nicht-Hintergehbar-keit zweier Wissensperspektiven, der *Beobachterhaltung*, die sich zur wissenschaftlichen Weltkonzeption ausprägt, und der *Teilnehmerhaltung*, die das menschliche Selbstverständnis mit seinem Freiheitsanspruch trägt. Habermas versucht derart den Kompatibilismus durch eine anthropologische Begründung zu legitimieren, ja: für notwendig zu erklären. Doch wenn er unter Hinweis auf die Prägung der Hirnstruktur durch kulturelle Einflüsse gegen die Position von Wolf Singer auf dieser Basis eine wechselseitige Beeinflussung von Geist und Gehirn für wahrscheinlich hält, scheint der „weiche Naturalismus" seine Pointe gerade darin zu zeigen, dass mit der Bestreitung des Determinismus auch der Kompatibilismus überflüssig werden könnte.

3

Der Begriff der Freiheit: Elemente, Stufen, Konzepte

Nach der Erörterung von Positionen der Behauptung und Bestreitung menschlicher Willensfreiheit gilt es nunmehr zu klären, was unter Freiheit überhaupt zu verstehen ist. Nachdem in den vorangegangenen Kapiteln ausgewählte Theorien der Freiheit im Kontext vorgestellt worden sind, wendet sich dieses Kapitel dem Begriff von Freiheit zu.

Was ist Freiheit? Die auf John Locke und David Hume zurückgehende Unterscheidung zwischen Willensfreiheit und Handlungsfreiheit darf nicht als ontologische Abgrenzung zweier Seinsbereiche verstanden werden. Sie bietet vielmehr eine perspektivische Konzentration auf je eine der beiden Seiten praktischer Selbstbestimmung: In jeder gelingenden Handlung sind Willensfreiheit und Handlungsfreiheit miteinander verbunden. Der Geltungsanspruch ihrer Unterscheidung erweist sich angesichts des Misslingens bzw. anhand von Zweifeln an den Bedingungen des Gelingens: Wie das Handeln, das wir als Artikulation des Willens begreifen, äußeren und inneren Einschränkungen unterliegen kann, so meint Handlungsfreiheit die äußere Uneingeschränktheit und Willensfreiheit die innere Unabhängigkeit der praktischen Selbstbestimmung. An der Bestimmung der deliberativen Willensentscheidung durch eigene Gründe wird die Angewiesenheit auf das Denken deutlich: Freiheit des Denkens ist das Element des freien Willens. Im Anschluss an verschiedene Stufen von Freiheit und Konzeptionen von Willensfreiheit – von der bloßen Unbestimmtheit eines liberum arbitrium indifferentiae bis zur Freiheit als Autonomie – ist die Koinzidenz von Willensfreiheit als Handlungsfreiheit und Verantwortung zu erläutern.

Handlungsfreiheit, Willensfreiheit, Denkfreiheit

Wenn der Körper-Geist-Dualismus auf der Basis der Annahme zweier grundverschiedener Substanzen (*res extensa* und *res cogitans*) das ist, was wir philosophisch den Cartesianismus nennen, dann könnte die Bereitschaft der Zeitgenossen, sich umstandslos auf die Unterscheidung von Handlungsfreiheit und Willensfreiheit einzulassen, für ein Zeichen des Fortwirkens des Cartesianismus gehalten werden. Das äußere, an Körperbewegungen gebundene Agieren in Raum und Zeit und den inneren Prozess der Entscheidung auf zwei Arten von Freiheit aufzuteilen, könnte nach jahrhundertelangen Bemühungen, den cartesischen Dualismus loszuwerden, der nachhaltigste aller Rest-Cartesianismen sein. Die begriffliche Unterscheidung geht zurück bis auf John Locke (1632–1704) und David Hume (1711–1776), die in ähnlicher Weise die Handlungsfreiheit des Menschen verteidigen, wenn ihm auch die Freiheit des Willens abgesprochen werden müsse (Locke 1690, Chapter XXI, 193–238; Hume 1748, Section VIII, 80–103). Den wohl prägnantesten Ausdruck hat ihr Schopenhauer durch seine in Kapitel 1 erörterte Frage gegeben: *Ich bin frei, zu tun, was ich will* (Handlungsfreiheit); *bin ich aber auch frei, zu wollen, was ich will?* (Willensfreiheit). Während demnach Handlungsfreiheit darin besteht, durch keinen äußeren Zwang an der Ausübung seiner Entscheidungen gehindert zu werden, ist mit der Willensfreiheit die anspruchsvollere Fähigkeit gemeint, diese Entscheidungen unabhängig, also selbstbestimmt zu treffen.

Doch wozu, wenn nicht zum Handeln, treffen wir eigentlich Entscheidungen? Zwar können wir einerseits wie soeben in der Formulierung von der Ausübung unserer Entscheidungen zwischen der Entscheidung *und* ihrer Ausübung differenzieren. Dass dies sinnvoll ist, hat seinen Grund darin, dass uns immer etwas ‚dazwischenkommen' kann. Wäre aber andererseits Entscheidung noch das richtige Wort, wenn wir in einem fort Entscheidungen träfen, ohne jemals eine einzige davon umzusetzen? Könnten wir mit Sinn und Verstand einen handlungsunfähigen Menschen als entscheidungsfreudigen Typ bezeichnen? Es ist nur allzu offensichtlich, dass beides normalerweise nicht voneinander zu trennen ist. Eine Entscheidung ist von vornherein auf das Handeln ausgerichtet; sie gehört integral zum Charakter der Handlung.

Es ist Kant (1785, 394 und 414), der den Gedanken von der Kontinuität von Wollen und Handeln vorträgt, indem er in der „Grundlegung zur Metaphysik der Sitten" den *bloßen Wunsch* von dem stets auf die Realisierung in der praktischen Zwecksetzung gerichteten *Willen* absetzt. Während ich mit dem Wunsch ganz bei mir selbst und tatenlos bleiben kann, ist der Wille per se immer schon ausgerichtet auf den praktischen Einsatz: auf die Verwirklichung meiner Zwecke im Handeln. Heutige Denker fassen dies in die Formulierung von einem *Wunsch*, der „handlungswirksam" werden muss, um als *Wille* wirksam zu werden (Bieri 2001, 37). Es wäre demnach sinnlos zu sagen, dass ich etwas will, wenn ich damit nicht immer schon die Handlung meinte, durch die ich das Gewollte auch zu erreichen trachte. Im Grunde ist, so Kant, die Handlung das Mittel zum Zweck, den der Wille setzt. Willensfreiheit realisierte sich demzufolge nirgends anders als im Handeln, und die Unterscheidung von Willensfreiheit und Handlungsfreiheit hätte von hier aus zu entfallen.

Betrifft dieser Gedanke systematisch den Begriff jeder *gelingenden* Handlung, so lässt sich freilich zum einen im Blick auf ihr *Misslingen* der Geltungsanspruch des Unterschiedes von Willensfreiheit und Handlungsfreiheit verständlich machen: Er beruht hier auf dem Erfahrungswissen von der Einschränkung unseres Handelns durch die Bedingungen der äußeren Welt. Dass es mir häufig nicht gelingt, meinen Willen durchzusetzen, weil da auch noch Anderes und Andere sind, die mir in die Quere kommen können, ist eine Einschränkung meines *Handelns*. Aus ihr kann nicht abgeleitet werden, dass mein *Wille* nicht frei wäre. Wenngleich – entgegen den Zweifeln der Deterministen – der Wille frei ist, lässt sich unter gegebenen Umständen nicht alles, was sich ein Mensch im Zuge einer Willensentscheidung vornimmt, auch erfolgreich in die Tat umsetzen. Da jeder weiß, wie zahlreich die Hindernisse und Einschränkungen sind, auf die wir als Handelnde gefasst sein müssen, konnte Kant (1788, 124) sicher sein, verstanden zu werden, als er die *Glückseligkeit* als den Zustand definierte, in dem es einem „im Ganzen seiner Existenz alles nach Wunsch und Willen geht". Die Einsicht, wie selten dieser Zustand vorkommt, enthält das wohl wichtigste Motiv für den Unterschied von Handlungsfreiheit und Willensfreiheit.

Dabei ist denen, die in einzelnen Fällen oder im Großen und Ganzen der Unterstellung von Freiheit skeptisch gegenüberstehen, so viel zuzugeben: Dass Handeln unabhängig von äußeren Einschränkungen möglich ist, beweist zum anderen noch nichts für die Freiheit der Entscheidung (siehe Tugendhat 2007, 45ff.). Gerade im Blick auf

die Bestimmung zum Handeln fassen wir Willensfreiheit als das Vermögen, sich unabhängig für etwas zu entscheiden. Das Motiv für die
Differenzierung von Handlungsfreiheit und Willensfreiheit ergibt sich
von daher im Blick auf dieses Kriterium der Unabhängigkeit: Unsere
Beschlüsse mögen sich uneingeschränkt durch äußere Hindernisse in
die Tat umsetzen lassen, sie können dabei doch von vornherein *unter
Einfluss* stehen. Kant (1788, 97) hat diese Gefahr in die drastische
Metapher von der „Freiheit eines Bratenwenders" gefasst. Gemeint ist
eine Bewegungsfreiheit, die sich ungehemmt entfaltet, aber – da die
bewegenden Impulse von außen kommen – doch nur ein geistloser
Automatismus ist. Für die Beurteilung meines Handelns kommt es
nicht allein darauf an, dass ich mich *selbst* (und ungehindert) bewege;
entscheidend ist, dass ich mich *von selbst* bewege. Nur wenn der Wille
frei ist, das heißt frei von äußeren, von heteronomen Faktoren aller
Art, haben wir die Freiheit, die wir meinen.

Ebenso wichtig wie Einwirkungen von außen sind dabei aber diejenigen Einflüsse, die unserer geläufigen Redeweise gemäß zwar gleich
dem Willen dem eigenen Inneren angehören, der Selbstbestimmung
des Willens jedoch insofern ebenfalls äußerlich sind, als sie über seine Gründe hinweg ihre Eigendynamik entfalten. Zu denken ist dabei an die Wirkung von unkontrollierten Affekten, Leidenschaften
und dem, was Kant und seine Zeitgenossen sinnliche Neigungen
nannten. „Der Geist ist willig, aber das Fleisch ist schwach", kommentiert der Volksmund die Willensschwäche, die von solchen Einflüssen ausgeht, die seit eh und je den Zweifel an der Freiheit des Willens
nähren.

Wenn wir Willensfreiheit als *das Vermögen* begreifen, *sich unabhängig für etwas zu entscheiden*, so besagt die darin geltend gemachte
Unabhängigkeitsbestimmung: sich in der selbständigen Beurteilung
eigener Motive und unter Berufung auf diejenigen unter ihnen, für die
sich genügend starke Argumente anführen lassen, sodass sie sich als
gute Gründe qualifizieren lassen, unabhängig für etwas zu entscheiden. Es ist die Fähigkeit der damit beschriebenen Entscheidung aufgrund eines deliberativen Prozesses der Auseinandersetzung, die wir
den freien Willen nennen. Er besteht in einem „Spielraum des Über-
legens" (Tugendhat 1992, 339), den wir uns verschaffen, indem wir die
unmittelbare Befriedigung unserer Wünsche suspendieren. Mit diesem
„Spielraum" ist gemeint, dass wir anhand von Gründen prüfen und beurteilen können, was für uns und für andere gut ist. *Suspension, Über-*

legung und *Gründe* machen, so Ernst Tugendhat (2007, 48), die „Struktur der Willensfreiheit" aus. Die Bestimmung, die in den Reflexionen auf das Problem des freien Willens immer wieder begegnet: „Er hätte auch anders handeln können", bezieht ihren Sinn aus der Unterstellung eines solchen Raums für Gründe: Nur wer abzuwägen vermag, ob dies oder jenes zu tun, oder doch mindestens: ob etwas zu tun oder zu unterlassen ist (siehe Birnbacher 1995), kann prinzipiell auch anders handeln, als er es tut. Die Kontrolle über das eigene Wollen beruht in der Flexibilität der Person, sich zu ihrem Wollen „so oder anders zu verhalten" (Tugendhat 2007, 55), das heißt: „nach Gründen ihr Verhalten zu ändern". (50)

Was hier als die Funktion der belastbaren Begründung des Handelns angeführt wird, hatte Kant öfters noch umständlich als „Bewegungsgrund" ausbuchstabiert, um den Faktor zu betonen, der den Handelnden zum Handeln bewegt: „Der subjective Grund des Begehrens ist die Triebfeder, der objective des Wollens der *Bewegungsgrund*; daher der Unterschied zwischen subjectiven Zwecken, die auf Triebfedern beruhen, und objectiven, die auf *Bewegungsgründe* ankommen, welche für jedes vernünftige Wesen gelten." (Kant 1785, 427) Die Differenz des Grundes von der „bloß subjectiven" Triebfeder, dem Motiv, das in jeder konkreten Absicht enthalten ist, besteht in der Rationalität der Einstellung: Ein Grund ist – in der hier vorgegebenen Terminologie – eine solche Triebfeder, die wir uns unter vernünftigem Anspruch angeeignet haben und die damit argumentativ vertretbar wird.

Mit Bezug auf diese deliberative Kapazität der Willensfreiheit betont auch Nida-Rümelin (2005, 30) die rationale Verfassung freien Handelns: „Mit *Rationalität* ist nichts anders gemeint als genau dies: *Das Handeln ist von Gründen geleitet*" Sich durch Gründe bestimmen zu können, setzt begriffliches Verstehen. Reflexion, nachvollziehbare Gewichtung und Einsicht voraus – lauter rationale Fähigkeiten. In Anspielung auf die *Erkenntnisleistungen* der von Kant so genannten theoretischen Vernunft spricht Nida-Rümelin (36f.) von einem *theoretischen Humanismus*, den wir in der Bestreitung der naturgesetzlichen Determination vertreten. Der Wille ist als praktische Entscheidungsinstanz zwar immer auch mehr – aber er ist immer auch eine Form des Denkens. Gerade da, wo mit Blick auf Einschränkungen des Handelns, welche die Fähigkeit zu freier Willensbildung nicht tangieren, die Unterscheidung von Handlungsfreiheit und Willensfreiheit ihren guten Sinn erweist, fällt an der selbstbestimmten Klärung eigener Motive auf, dass es sich um einen gedanklichen Vollzug handelt. Willensfreiheit gründet derart in dem, was wir die Freiheit des Denkens nennen.

In der Freiheit des Denkens ist somit das Element aller Freiheit zu sehen – einerseits das Element im Sinne eines integralen Minimalbestandes aller weiteren, über das Denken hinausgehenden Freiheit, andererseits im Sinne des Mediums, in dem sich alle Formen der Realisierung abspielen. In der Auseinandersetzung mit der Freiheit des Handelns und des Willens darf daher die Freiheit des Denkens nicht zu kurz kommen.

„Ich denke, ich handle": Das Kontinuum der Freiheit

Auf dem *Cogito*, das selbst der radikale Zweifler nicht in Frage stellen kann, beruht schon für Descartes (1641, 46ff.) das eigene Urteil und mit ihm die eigene Entscheidung. „Unser Wille entschließt sich nur in dem Maße, etwas zu verfolgen oder zu meiden, wie unser Verstand es ihm als gut oder schlecht darstellt, und deshalb genügt es, recht zu urteilen, um recht zu tun, und nach besten Kräften zu urteilen, um sein Bestes zu erreichen." (Descartes 1637, 47) Das schließt auch ein: Selbst noch der Zweifel oder die Kritik an der Freiheit setzen zumindest diese Freiheit des Denkens voraus.

Einen anderen Akzent setzt Kant auf dieses *Cogito*: „Das Ich beweiset aber, daß ich selbst handele; *ich* bin ein Princip und kein principiatum […] Wenn ich sage: Ich denke, ich handele usw.; dann ist entweder das Wort Ich falsch angebracht, oder ich bin frei". (Kant 1779/80, 268f.)

So spricht Kant 1779/80 in der Vorlesung „Metaphysik Pölitz", zu einer Zeit, da er sich anschickt, die Denkmöglichkeit von Freiheit inmitten einer kausal determinierten Welt zu erweisen, die praktische Freiheit des Handelns aber noch nicht begründet hat. Hierin ist bereits das zu sehen, was Schopenhauer in seiner polemischen Vereinfachung als *Herleitung der Freiheit aus dem Selbstbewusstsein* bezeichnet (siehe Kapitel 1, 32f.). In auffällig schlankem Zugriff argumentiert Kant auch hier bereits aus dem Selbstverständnis des Menschen, indem er im Hinweis auf das Pronomen der 1. Person Singular die Semantik und Pragmatik des Freiheitsbegriffs heranzieht. Auch am einfachen „Nein!", dieser nur scheinbar schlichten, in Wahrheit extrem voraussetzungsreichen Wendung der Selbständigkeit gegen Erwartungen von außen, ließe sich die daran geknüpfte Behauptung von Freiheit verdeutlichen (siehe Plessner 1928). Doch dem Ausdruck „ich" kommt in der Tat ein exponierter Status zu. Aus der besonderen Bedeutung, die wir mit der Verwendung des Wortes „ich" verbinden, hätten wir demnach die Konsequenz für das praktische Verständnis unserer selbst zu ziehen. Wir dürfen dazu nur nicht auf der Ebene des bloßen Sprachspiels verbleiben. Das „ich" wäre in seiner bloß grammatischen Funktion eines Personalpronomens unter anderen Pronomina unterbestimmt. Im kompetenten Gebrauch des Ausdrucks „ich" (oder „ich selbst") artikulieren sich vielmehr kognitive und mentale Fähigkeiten von besonderer Komplexität, deren aktive Ausprägung das Wort anzeigt (siehe Tugendhat 2007, 58ff.). Im reflexiven Selbstbewusstsein, das sich darin ausdrückt, ergibt sich nicht nur „das Bewusstsein bestimmter Spielräume", sondern auch „ein Warumstopp: Anstelle des Kausalflusses der Motive werde ich verantwortlich gemacht". (59f.)

Kant (siehe oben) generalisiert dies im Begriff des Prinzips. Sein Diktum lässt sich gemäß der Übersetzung, die er dem Ausdruck „Prinzip" gibt, so übersetzen: Das Selbstverhältnis, auf das ich mich mit „Ich" beziehe, ist ein Ursprung und nichts Entsprungenes. Die Ursprünglichkeit des „Ich" ist die Spontaneität einer Instanz, die damit auf ihre eigene Selbsttätigkeit Bezug nimmt. Durch das „Ich" ist weder eine objektiv bestimmbare Raum-Zeit-Stelle bezeichnet noch eine bloße Systemstelle in einem als nichts denn Sprache verstandenen Sprachspiel, sondern vielmehr ein Selbstverhältnis: etwas, das in unseren Gedanken über uns selbst begründet ist und sich in unserer Praxis zeigt. Und mit dessen Eigenart ist die Option der Freiheit gesetzt. Pointieren lässt sich dies – mit einer Einsicht, die bereits Augustinus geltend gemacht hat (siehe Kapitel 1, 21) – mit Blick auf den Gebrauch des Possessivpronomens: Nur wenn ich frei bin, hat es überhaupt einen Sinn, von *meinem* Handeln zu sprechen; wäre ich determiniert, dann wäre das, was ich tue, nicht *mein* Handeln; es wäre irgendein Effekt, der sich an mir oder durch mich hindurch vollzieht. Nur wenn ich frei bin, ist eine Handlung mir als ihrer Ursache zuzuschreiben, nur dann besteht zu der Handlung das Verhältnis der Zueignung, wie sie in den Worten „ich" und „mein" erfolgt.

Was Kant mit seinem auf den ersten Blick so verblüffenden Statement vertritt, lässt sich auch so erläutern: Wieso sollte ich sagen „Ich handle", wenn ich damit nicht zugleich den Anspruch stelle, frei zu sein? Es wäre dann angemessener, es bei der Feststellung zu belassen, dass *Es handelt* oder *Irgendetwas handelt*, so wie Robert Musil in satirischer Absicht formuliert hat, dass „Seinesgleichen geschieht". Dass wir eine solche Ausdrucksweise tatsächlich nur zur expressiven Verzerrung in kritischer Absicht in Betracht ziehen, ist nicht zufällig. In Wahrheit denken wir nicht in dieser verfremdeten Weise über uns selbst.

Wenn ich sage: Ich denke, ich handle usw., dann ist entweder das Wort „ich" falsch angebracht, oder ich bin frei: Es ist bemerkenswert, wie Kant seine kühne Reflexion ausdrücklich mit gleichem Geltungsanspruch für das *Denken* wie für das *Handeln* anstellt. Ausgehend von der konventionellen Unterscheidung von Willensfreiheit und Handlungsfreiheit hätten wir eine Reflexion im Ausgang von der Formulierung erwartet: *Wenn ich sage: ich will, ich handle*. Wir dürfen in der selbstverständlichen Verbindung, die Kant stattdessen herstellt, auch einen Hinweis darauf sehen, dass die Angewiesenheit der Handlungsfreiheit auf die *Willensfreiheit*, durch die allein sie mehr sein kann als die „Freiheit eines Bratenwenders", zuletzt auf die *Freiheit des Denkens* führt.

Freiheit des Denkens und der Selbstbestimmung

Auch Johann Gottlieb Fichte (1770–1813) macht in seiner „Ersten Einleitung in die Wissenschaftslehre" (1797) einen Begriff von Freiheit geltend, welcher der praktischen Freiheit des Handelns vorausgesetzt werden müsse: Ausdrücklich zieht er die Konsequenz aus Kants Vorstellung der spontanen Verstandesaktivität der Erkenntnis (Kant 1787, B 129–146), indem er von der Freiheit spricht, die wir im Akt der Erkenntnis, im Umgang mit den Vorstellungen unseres Bewusstseins haben.

Fichte geht aus vom Alltagsbewusstsein, in dem die Menschen – im markanten Gegensatz zum Bewusstsein der Bindung an die Inhalte in der Erkenntnis – ein „Gefühl […] der Freiheit" allein mit bestimmten Zuständen der Selbstbeobachtung verbinden: „Unsere Phantasie, unser Wille erscheint uns als frei." (Fichte 1797, 422f.) Doch in einer fundamentalen Reflexion auf den „Grund aller Erfahrung" (425) will er die Hinfälligkeit dieses Unterschiedes zwischen der Unfreiheit in der Erkenntnis und der Freiheit im Wollen zeigen. Er bedient sich dazu eines Abstraktionsverfahrens in Analogie zum cartesischen *Cogito*-Argument: Descartes war in seiner Suche nach Erkenntnisgewissheit darauf gekommen, dass ich, selbst bei radikalem Zweifel an der Exis-

tenz aller von mir erkannten Dinge, doch zuletzt an einem nicht zweifeln könne, nämlich daran, dass ich zweifle – und dass ich es bin, der
da zweifelt.

Fichte geht es um eine analoge Einsicht: Bei allen Objekten, von
denen ich Erfahrung und deren Vorstellung ich im Bewusstsein habe,
stoße ich, wenn ich von ihnen abstrahiere, zuletzt auf mein Denken
und seine Freiheit (vgl. 429). So kommt der philosophisch Nachden-
kende zwangsläufig auf die „Freiheit des Denkens" (425) als die unhin-
tergehbare methodische Grundlage aller Objekterkenntnis. Indem der
Denkende sich aber derart zu einem Objekt seines eigenen Bewusstseins macht, vollzieht er einen Akt der „Selbstbestimmung" (427). Das
Ich des Denkenden besteht in der „freien Handlung des Geistes" (429),
die Fichte auch als einen „ersten Act" bezeichnet (433) und von der
wir ein „unmittelbares Selbstbewusstseyn" haben, sobald wir nur im
Denken vom Objekt der Erkenntnis abstrahieren (429).

Er begreift sich mit diesem Ansatz als Vertreter der kantischen
Position des transzendentalen Idealismus (421). Es ist richtig: Dieser
Gedanke bildet auch schon die Grundlage der gesamten kantischen
Vernunftkritik. Auch Kant muss, um Erkenntnis erklären zu können,
bereits die aktive Leistung des erkennenden Subjekts voraussetzen:
Der Verstand muss als tätig gedacht werden – und zwar als selbsttätig.
Nichts anderes besagt der Begriff der Spontaneität des Verstandes. Und
auch Kant spricht schon wie durchweg später Fichte von Handlungen
des Verstandes und Handlungen der Einbildungskraft, sodass wir
schon bei ihm auf die Vorstellung von einer grundlegenden Freiheit
des Subjekts verwiesen sind, die sich nicht erst in dessen praktischen
Handlungen, sondern bereits in dessen Denken ausdrückt.

Beide Denker haben Erkennen und Denken als Tätigkeiten konzi-
piert, sodass es naheliegt, den Begriff der Freiheit auf die Selbsttätigkeit
des Geistes anzuwenden. Fichtes Ziel ist es, diesem Gedanken, mit dem
explizit die Freiheit bereits als eine Bestimmung des Denkens behauptet
und in dieser grundsätzlichen Form der praktischen Freiheit des Handelns noch unterlegt wird, zu unmissverständlicher Durchsetzung zu
verhelfen. Der Idealismus, die Philosophie also, welche den Akt des
Denkens als einen ersten Akt der Selbstbestimmung und zugleich als
die Grundlage aller Erfahrung behauptet, ist damit für ihn wie für Kant
eine *Philosophie der Freiheit*. Darin liegt der Grund, dass nur er dem
„höchste[n] Interesse" der Menschheit gerecht werde – dem Interesse
„für uns selbst". (433) Bis in unsere Tage bewahrt dies seine Aktualität:

In Konzeptionen, in denen wie bei Roderick M. Chisholm (1964) Freiheit durch *agent's causation* oder durch *mental causation* gewährleistet sein soll, ist das Erbe der idealistischen Theorien bewahrt.

Zum konsequenten Gebrauch der Denkfreiheit darf die Verteidigung der freien Meinungsäußerung nicht fehlen. In der Schrift über die „Zurückforderung der Denkfreiheit von den Fürsten Europens" heißt es: *„Frei* denken zu können ist der auszeichnende Unterschied des Menschenverstandes vor dem Thierverstande." (Fichte 1793, 13) Das Gewissen, „dieses Gesetz in ihm" (12), das dem Menschen „frei und aus eigener Bewegung" gebietet, „dieses zu *wollen*, jenes nicht zu *wollen*" (11; Hervorh. B.R.), ist eine Äußerung dieser Freiheit. Es ist diese Fähigkeit, durch die der Mensch ein freies Wesen ist, „das weder ererbt, noch verkauft, noch verschenkt werden" kann (11) – und das bei alledem das Recht haben muss, seine freien Gedanken auch frei zu äußern: „die Aeusserung der Freiheit im Denken ist ebenso wie die Aeusserung derselben im Wollen inniger Bestandtheil seiner Persönlichkeit." (14) Wenn Fichte hier die Gedankenfreiheit als ein unveräußerliches Menschenrecht reklamiert (23), so ist damit also nicht allein die „freie Untersuchung jedes möglichen Objects des Nachdenkens, nach jeder möglichen Richtung hin, und ins Unbegrenzte hinaus" (23) gemeint. Die Freiheit des Denkens wird vielmehr auf naheliegende Weise sogleich vermittelt und über die Äußerung auf die Mitteilung bezogen (15; siehe Kapitel 4, 98).

Dass Freiheit des Denkens auch eine andere als diskursive Form annimmt, kann an der Freiheit der ästhetischen Erfahrung deutlich werden (siehe Kapitel 4, 100ff.).

Begriffe von Freiheit im Begriff der Freiheit

Im alltäglichen Sprachgebrauch lassen sich verschiedene Bedeutungen von Freiheit auseinanderhalten. Nach Otfried Höffe können wir von der ungehinderten Bewegung bis zur Autonomie als Selbstgesetzgebung aus Vernunft fünf „Stufen der Freiheit" unterscheiden: 1. Wie sich an der Art von „frei wie der Adler in den Lüften" oder „frei wie der Wind", aber auch schon an der Rede vom „freien Fall eines Körpers" und vom „freien Schweben im Raum" veranschaulichen lässt, nennen wir *frei* bereits eine körperliche *Bewegung*, die sich in ihrer Eigendynamik ungehindert entfaltet. 2. Im spezifischeren Sinne frei ist ein *Ver-*

halten, sofern es nicht aus äußerem Zwang, sondern aus dem Subjekt, was immer es auch sei selber erfolgt: „Wird beispielsweise jemand so stark gestoßen, daß er fällt, so ist der Stoßende frei, der Fallende nicht." (Höffe 2006, 88) 3. Frei ist ein *Verhalten* bzw. *Handeln*, wenn es nicht allein *ohne äußeren Zwang*, sondern zudem mit Wissen, also *bewusst* vollzogen wird – die Bestimmung, die den von Aristoteles eingeführten Begriff der *Freiwilligkeit* ausmacht. 4. Davon lässt sich eine Bedeutung von Freiheit unterscheiden, die sich in der Orientierung an Regeln bzw. Gesetzen als methodisches Handeln qualifiziert. Und 5. schließlich die im Begriff der Autonomie gefasste Freiheit, die sich dadurch auszeichnet, dass sich ihr Träger selbst sein Gesetz gibt.

Es ist erkennbar, dass die beiden ersten Stufen der Freiheit sich nicht allein auf das Handeln des Menschen beziehen, sondern auf eine Bewegung, wie sie Tieren, Pflanzen, ja sogar Luftmassen und toten Gegenständen wie Steinen zugeschrieben werden kann. Erst ab der dritten Stufe haben wir es mit der Beschreibung des menschlichen Selbstverständnisses zu tun: mit Willensfreiheit als Handlungsfreiheit, und ab der vierten Stufe ist eben jene Bindung von Freiheit an Rationalität bezeichnet, die heute die meisten Theoretiker der Willensfreiheit im Kriterium der eigenen Einsicht in Gründe hervorheben. Dies trifft auch noch auf die letzte Stufe des Freiheitsbegriffs zu: auf die von Kant vertretene Freiheit als Autonomie in einem starken Sinne.

Im Hinblick auf die Differenzen, die in dieser Einteilung erfasst sind, könnte man es dabei belassen, von verschiedenen *Bedeutungen* des Freiheitsbegriffs zu sprechen. Welchen Sinn hat es, in den Formen der Freiheit zugleich deren Stufen oder Grade zu sehen? Mit Bezug auf den menschlichen Willen lässt sich so die Einsicht zur Geltung bringen, dass seine Ausprägung an empirische Voraussetzungen gebunden ist, die teils als die stufenweise Entwicklung von Fähigkeiten, teils als die selber schon praktische Herstellung förderlicher Bedingungen zu fassen sind. Es wäre absurd, etwa zu denken, dass Freiheit als Autonomie ohne die Bedingung der ungehinderten Bewegung und der Freiheit von äußerem Zwang *verwirklicht* werden könnte. Doch die systematische Unterstellung von Stufen der Freiheit birgt überdies die Chance, zwei auf das Ganze der Welt und unsere Stellung in ihr bezogene Interessen miteinander zu vereinbaren: zum einen den Anspruch, dass Freiheit in einem anspruchsvollen, auf unser eigenes Selbstverständnis als Handelnde bezogenen Sinn in der beschriebenen Weise mit Rationalität verbunden ist; zum anderen die Intuition, dass es in der lebendigen Natur auch unterhalb dieses Anspruchsniveaus Freiheit in einem qualifizierbaren Sinn gibt.

In der Geschichte des Freiheitsdenkens wurde immer wieder einmal die bloße *Wahlfreiheit*, durch die der freie Wille als *liberium arbitrium indifferentiae* begriffen wäre, zur eigentlichen Freiheit des Willens erklärt. Die an keinerlei Kriterien gebundene Wahlfreiheit würde jedoch, so lautet der naheliegende Einwand, die menschliche Willensentscheidung faktisch dem bloßen Zufall überantworten. Sie hätte damit eine fatale Ähnlichkeit mit Fremdbestimmung – sie liefe auf das Gegenteil von Freiheit hinaus. Wenn es beliebig, also nicht durch rationale Kriterien bestimmt sein sollte, wofür ich mich in meiner Freiheit entscheide, dann entfiele der Unterschied zwischen Ursachen und Gründen. Selbst der denkbar stärkste Grund wäre für den allein seiner Indifferenzfreiheit überantworteten Menschen nichts anderes als irgendeine der wirkenden Ursachen im Kausalnexus der Natur – *die* Ursache eben, die sich durchsetzte, ohne dafür durch irgendetwas anderes qualifiziert sein zu müssen als durch die Stärke der wirkenden Kraft. Bloße Wahlfreiheit wäre gleichbedeutend mit Heteronomie der stärksten äußeren Ursache.

Kant, der in der Argumentation für die Denkmöglichkeit von Freiheit im Kausalnexus der wirkenden Ursachen mit dem Begriff der transzendentalen Freiheit (siehe Kapitel 2, 55) zunächst von einer solchen *negativen Freiheit* ausgeht, hat sich in der Auseinandersetzung mit einem Selbsteinwand der soeben skizzierten Art zur Konzeption von *Freiheit als Autonomie* leiten lassen (siehe Timmermann 2003): Solche Heteronomie lässt sich nur durch Kriterien ausschließen, die – paradox gesagt – an den „Bewegursachen" selber geltend gemacht werden können; diese müssen mit anderen Worten als Gründe tauglich sein. Damit ist der Bezug auf die Vernunft für konstitutiv erklärt, die so als Instanz gesetzlicher Ordnung gedacht wird. Soll es möglich sein, der Naturgesetzmäßigkeit als Zusammenhang der Kausaldetermination auf Seiten der behaupteten *Kausalität durch Freiheit* etwas entgegenzusetzen, muss Freiheit unter der Gesetzmäßigkeit der Vernunft gedacht werden. Mit dieser Schlussfolgerung ist der gedankliche Weg zur Auszeichnung einer Gesetzmäßigkeit des menschlichen Handelns beschritten, die nur die menschliche Vernunft sich selbst verordnen kann. Im Sittengesetz (siehe Kapitel 2, 57f.), unter dem sich, nach Kants ursprünglicher Einsicht in das Ungenügen einer bloßen Indifferenzfreiheit, die menschliche *Freiheit als Autonomie* realisiert, erfolgt die

ultimative Auszeichnung eines Handelns aus Gründen, in dem sich die
Rationalität der menschlichen Willensfreiheit behauptet.

Freiheit und Verantwortung

Es gehört zu den Gemeinplätzen des praktischen Selbstverständnisses,
dass Freiheit und Verantwortung korrelieren. Verantwortlichkeit ist die
Zurechnungsfähigkeit des Menschen für seine Handlung. „Alle Zurechnung ist das Urteil von einer Handlung, sofern sie aus der Freiheit
der Person entstanden ist". (Kant 1775–85, 66) Verantwortung ist der
Aspekt der Freiheit, der besagt, dass ich für meine Taten Rede und Antwort zu stehen habe. Sofern sie mir als dem Urheber angelastet werden
können, habe ich mich für sie zu rechtfertigen. Das Rede-und-Ant-
wort-Stehen besteht in Fällen *moralischer* Beurteilung darin, dass ich
die Gründe meines Handelns angebe und im kritischen Fall mit Argumenten für sie eintrete. Darin ist generell die Struktur des Begründens
zu sehen, die unabhängig davon wirkt, ob ich allein mit mir selbst zu
Rate gehe und etwas nur vor mir selbst zu begründen versuche – oder
ob ich es vor anderen, also öffentlich tue. „Wenn wir den Eindruck
haben müssen, dass jemand nicht in der Lage ist, Gründe abzuwägen,
so ziehen wir ihn nicht oder nur eingeschränkt zur Verantwortung.
Wir glauben dann nicht, dass er frei sei in seinen Entscheidungen."
(Nida-Rümelin 2005, 38)

   Der Ausdruck „verantworten, Verantwortung" ist eine Übersetzung
des lateinischen *respondere*: vor Gericht auf eine Anklage antworten.
Wir können gerade aus der für das gesamte Rechtssystem konstitutiven
Vorstellung von Schuldfähigkeit aufgrund einer generell unterstellten
Zurechnungsfähigkeit die Selbstverständlichkeit erkennen, mit der
wir davon ausgehen, dass die Menschen prinzipiell frei sind. Die methodische Sorgfalt, mit der über Ausnahmen von dieser prinzipiellen
Annahme befunden wird, bestätigt diese Regel. Soll das Verantwor-
tungsprinzip ausgesetzt werden, so muss nachgewiesen werden, dass
ein Handeln *unter Einfluss* stand – unter einem Einfluss, der sich im
Vergleich mit den als üblich und normal angenommenen Lebensbedingungen markant als fremde, *wie von außen* auf das Handeln ein-
wirkende Ursache qualifizieren lässt: Dies gilt für Handeln bei geistiger
Umnachtung, bei psychischen Störungen, Hypnose oder Drogenabhängigkeit.

Das moderne Recht hat im Blick auf solche Faktoren einen hohen Grad an Differenzierung entwickelt, die etwa in Deutschland im § 20 StGB ihre Formel gefunden hat: „Ohne Schuld handelt, wer bei Begehung der Tat wegen einer krankhaften seelischen Störung, wegen einer tief greifenden Bewusstseinsstörung oder wegen Schwachsinns oder einer anderen seelischen Abartigkeit unfähig ist, das Unrecht der Tat einzusehen oder nach dieser Einsicht zu handeln." Alle Faktoren, die nach diesen Bestimmungen gerichtsnotorisch werden können und müssen, wenn in einem Strafprozess eingeschränkte Schuldfähigkeit und dann mildernde Umstände erwirkt werden sollen, gelten ebenso in ethischer Hinsicht. Sie als Ausnahmen anzuerkennen, basiert auf der Annahme von Freiheit als der Normalbedingung menschlichen Handelns (siehe Kapitel 2, 62f.).

Philosophisch tritt der Begriff der Verantwortung im elementaren Sinn von Zurechenbarkeit und Zuständigkeit erstmals mit einer handlungstheoretischen und ethischen Differenz auf, die wir als epochal anzusehen haben: mit der Auszeichnung der menschlichen Handlung durch *Freiwilligkeit* in der „Nikomachischen Ethik" des Aristoteles. „Da unfreiwillig ist, was aus Zwang oder Unwissenheit geschieht, so möchte freiwillig sein, dessen Prinzip in dem Handelnden ist, und zwar so, dass er auch die einzelnen Umstände der Handlung kennt." (Aristoteles, NE III.3, 111a) Die menschliche Handlung durch Freiwilligkeit auszuzeichnen und daran die beiden Aspekte der *Abwesenheit von Zwang* und des *Wissens um die relevanten Umstände* zu betonen – darin liegt der Ursprung des Begriffs von Verantwortung, wie wir ihn bis heute als Korrelat der Freiheit begreifen. In der „Eudemischen Ethik" heißt es: „Bei allen Handlungen, deren Ursprung und Herr der Mensch ist, [...] hängt deren Geschehen oder Nichtgeschehen von ihm ab [...]. Alles Tun aber, dessen Vollzug oder Nichtvollzug von ihm abhängt, für dieses ist er persönlich der Urheber." (Aristoteles, EE 1223a, 4–19) Da es in der Einschätzung der Tugend oder Untugend eines Menschen, in Lob und Tadel auf das angemessene Urteil ankommt, müssen wir ein Kriterium der Zuschreibung von Handlungen zu ihrem Urheber haben. „Nun, da stimmen wir alle überein: was willentlich und gemäß der Entscheidung des einzelnen geschieht, davon ist er der Urheber [...] Und alles das, was er tut, weil er sich dafür entschieden hat, das tut er selbstverständlich als willentlich Handelnder".

Dieser Begriff von Zuständigkeit ist im gesamten handlungstheoretischen, ethischen und rechtlichen Denken bis heute wirksam. Viele

Denker bis hoch ins 19. Jahrhundert sprechen – wie durchweg Kant –
von Zurechnung, von Zuständigkeit, auch von Schuld. In der Sache ist
da kein Unterschied. Einer der Ersten – womöglich der Erste, bei dem
in den 70er Jahren des 19. Jahrhunderts der Begriff terminologisch
wird – ist Friedrich Nietzsche, und einen entscheidenden Schub in der
Verbreitung erfährt der Ausdruck durch die fragwürdige Unterscheidung zwischen Gesinnungsethik und Verantwortungsethik, die Max
Weber (1864–1920) in seiner Schrift über „Politik als Beruf" (1918)
vorschlägt. Über die Phänomenologie und die Existenzphilosophie
gelangt er in die aktuelle Diskussion, in der er unentbehrlich geworden
ist.

Nach Hans Jonas' (1903–1993) Buch „Das Prinzip Verantwortung"
(1979), das seinem Leitbegriff im Bewusstsein der ökologischen Krise
mehr praktische Beachtung verschaffen sollte, hat der Begriff der
Verantwortung in der zeitgenössischen Auseinandersetzung eine zu-
nehmende Präzisierung erfahren. Wir sind uns im Klaren, dass Verantwortung durch eine mindestens dreistellige Relation bestimmt ist:
Sie besteht immer in dem Verhältnis zwischen 1. einem Subjekt der
Verantwortung, 2. einem Objekt der Verantwortung und 3. einem System von Bewertungsmaßstäben (Bayertz 1995, 6). Hier lässt sich noch
differenzieren: Wenn wir berücksichtigen, dass 1. jemand 2. für etwas
3. gegenüber einem Adressaten 4. vor einer Instanz des Urteilens 5. in
Bezug auf ein normatives Kriterium und 6. im Rahmen eines (Verant-
wortungs-)Bereiches verantwortlich ist (Lenk / Maring 1993, 229), und
uns überdies in reflexiver Einstellung klarmachen, dass die so gefasste
Verantwortung dem Anspruch der Begründung im Hinblick auf die
eigene persönliche Konsequenz genügen muss, dass sie in letzter Instanz somit *in Selbstverantwortung* gründet – dann zeigt sich im Begriff
der Verantwortung eine siebenstellige Relation (siehe Gerhardt 1999,
307ff.).

Eine Fußnote zum Prinzip Verantwortung: Willensfreiheit und Strafrecht

Es scheint zwingend zu sein, dass unsere Kultur auf das Strafrecht in
der bislang praktizierten Fassung verzichten müsste, sollte sich die
Willensfreiheit als Illusion erweisen. Denn der Zusammenhang von
Willensfreiheit und Zurechnungsfähigkeit im Sinne eines Verantwor-

tungsbegriffs, der an der Unterstellung hängt, ein Handelnder *könne grundsätzlich jederzeit auch anders handeln*, als er es tatsächlich tut, liegt auf der Hand. Wo nun geleugnet oder mindestens mit Folgen für die Beweislast bezweifelt wird, dass ein Täter grundsätzlich jederzeit auch anders handeln kann, da folgt mit der Verpflichtung des Gesetzgebers auf das Prinzip „In dubio pro reo", dass die Ausnahme von der Schuldfähigkeit, wie sie durch die Bestimmungen in § 20 StGB konzediert wird, zur Regel werden muss. Denn die bei Kranken und Abhängigen unterstellte Schuldunfähigkeit wäre prinzipiell auf jeden Täter auszudehnen (Roxin 1994, 708). Entsprechend gibt es lebhafte Diskussionen um die Legitimität von Strafe und Schuldprinzip, die durch die spektakulären Ansprüche der Neurophysiologie noch geschürt wird (z. B. Pothast 1987, 387–399; Roxin 1994; Detlefsen 2007; Merkel 2008; siehe dazu Pauen 2004, 229–239; siehe auch Kapitel 2, 42ff.). Die Debatte dreht sich teils um den Ersatz von Strafe durch Therapie, teils um denkbare Modifikationen des Schuldprinzips.

Während in jüngster Zeit Detlefsen (2007, 345) in einem *alternativen Sanktionenrecht* im Dienste von *Besserung und Bewahrung* die gerechtere Lösung sieht (348), verteidigt Merkel (2008, 118ff.) – trotz seiner Überzeugung von der Überholtheit des Verantwortungsgedankens durch den von den Anstößen der Hirnforschung behaupteten Physikalismus des menschlichen Handelns – das Strafrecht samt Schuldprinzip und fügt so dem Kompatibilismus eine neue Variante hinzu: Er plädiert für die Bestrafung des Straftäters im Namen des Normenschutzes, ohne den die Gesellschaft nicht die Ordnung hätte, die sie im Interesse der Menschen nötig hat. Die Position kann nicht ohne Folgen bleiben für das Konzept von Gerechtigkeit, das Merkel an dieser Stelle in die Gesichtspunkte von Verdienstprinzip und Fairness aufspaltet: In der leider nicht näher begründeten Überzeugung, dass methodisch auseinandergehalten werden könnte, ob ein Täter die Strafe *verdiene* und ob sie *fair* sei, vertritt Merkel die Doppelstrategie der zwar im Licht der wissenschaftlichen Erkenntnisse unverdienten, aber gleichwohl fairen Strafe. In Erinnerung an ein Wort des Rechtsphilosophen Gustav Radbruch wird davon gesprochen, ein Strafrechtler könne seiner Aufgabe nur um den Preis eines schlechten Gewissens nachkommen (136).

Wieso schlechtes Gewissen?, ist man hier geneigt zu fragen. Wenn der Strafrechtler trotz allem zu der begründeten Auffassung kommt, dass auch die unverdiente Strafe fair sein kann, dann brauchte er kein schlechtes Gewissen zu haben.

Es muss hier nicht entschieden werden, ob man es begrüßen oder beklagen soll, dass der Strafrechtler gleich an zwei Stellen seines Gedankenganges vor der schlüssigen Konsequenz seiner Position zurückschreckt, indem er mit einem Argument, das ihn offenbar selbst nicht überzeugt, an einer Institution festhalten will, für deren Abschaffung er sich, wenn es mit rechten Dingen der Überzeugung zuginge, eigentlich einsetzen müsste. Auch die Entscheidungsnot gehört in die Phänomenologie der Freiheit.

4

Dimensionen der Freiheit: Kultur, Politik, Kunst

Wie das Handeln sich nicht im bloßen Prozess verflüchtigt, so geht auch Freiheit nicht auf im prozessualen Vollzug der Entscheidungen zum Handeln. In dessen produktiven Resultaten nimmt sie gleichsam institutionelle Formen an und tritt uns verobjektiviert in den Dimensionen der menschlichen Welt gegenüber.

Das Kapitel stellt anhand von markanten Theorien die Kultur als die Sphäre menschlicher Selbstverwirklichung vor – und damit als Ort der Realisierung von Freiheit. Die Politik, in welcher der ausgezeichnete Bereich der Handlungsfreiheit zu sehen ist, dient zugleich deren institutioneller Sicherung. In der Kunst und der ihr angemessenen ästhetischen Einstellung ist der Bereich der spielerischen Erprobung von Freiheit zu sehen.

Kultur als Medium der Freiheit

Zu den großen Verteidigern der menschlichen Willensfreiheit gehört der Vater des Toleranzgedankens, der Florentiner Neuplatoniker Giovanni Pico della Mirandola (1463–1494). Er bringt in den von Augustinus wirkungsmächtig in die Welt gesetzten Reflexionsdualismus der Freiheit eine bemerkenswerte humanistische Variante ein. Er denkt zunächst den Schöpfergott nicht allein so, dass er die Willensfreiheit seines Geschöpfes *duldet*, sondern so, dass er sie *braucht*. Er deutet sodann die Gottesebenbildlichkeit des Menschen so, dass dieser, um der mit ihr verbundenen Verpflichtung nachkommen zu können, selber zum Schöpfer werden muss – und damit bindet Pico die menschliche Freiheitsentfaltung an die Kultur.

Wir sind Geschöpfe Gottes *und* frei, weil Gott es so wollte. In dem Mythos, wie ihn Pico in der Schrift „Über die Würde des Menschen" (1486) von der Erschaffung des Menschen erzählt, sehnte sich der „Baumeister" der Welt nach einem Wesen, das „den Sinn dieses großen Werkes erwägen, seine Schönheit lieben und seine Größe bewundern könnte." (Pico 1486, 27) So kam Gott erst ganz zuletzt auf die Idee, den Menschen zu erschaffen. Aber die Mitgiften für die Ausstattung der Erdenbewohner sind erschöpft, und alle Plätze im Universum sind besetzt, sodass der Schöpfer den Menschen in Ermangelung eines eigenen Ortes „in den Mittelpunkt der Welt" setzt, wo er sich frei umsehen und im vergleichenden Blick auf die in der Schöpfung bereits verwirklichten Möglichkeiten der abgestuften Geistferne und Geistnähe seine Entscheidung treffen kann (siehe 33), was er aus sich selber machen will: Der Mensch soll seine Natur „nach freiem Ermessen […] selbst bestimmen". (29)

Auch für Pico steht dabei wie schon für Augustinus außer Zweifel, dass wir die *optio libera*, den freien Willen zwar durch „Gottes Freigebigkeit" (29), aber der Idee nach haben, um uns zur größtmöglichen Geistigkeit hochzuarbeiten. Die prinzipielle Freiheit der Wahl steht im Rahmen eines teleologischen Verständnisses, das sich in der Überzeugung artikuliert: „Ein heiliger Ehrgeiz sollte uns ergreifen". (33) Warum sollte dieser Ehrgeiz uns ergreifen? Weil wir erstens erkennen, was das Gute ist, und weil zweitens diese Erkenntnis mit einer Bewertung einhergeht, die es selbstverständlich macht, das Gute dem Schlechten vorzuziehen.

Pico bietet in seiner Erzählung, in der biblischer und platonischer Mythos einander durchdringen, mit beglückender Leichtigkeit eine humanistische Lösung des Problems der Theologie und Philosophie seiner Zeit: Ist die Freiheit des Menschen mit der Allmacht seines Schöpfers vereinbar? Er gibt dieser Problematik, die im Mittelalter und in der frühen Neuzeit die großen Denker durchweg beschäftigt hat, eine eigene Pointe, indem er *Gottes Bedürfnis* nach der Freiheit des Menschen betont: Wenn die Anerkennung seines Werkes durch ein anderes Wesen etwas wert sein soll, dann darf sie nicht die Akklamation eines Abhängigen, sie muss vielmehr die kompetente Würdigung eines Urteilsfähigen sein. Die Unabhängigkeit des Menschen wird aber gerade anschaulich an dem, was die Kehrseite seiner Mangelsituation ist: Für ihn war kein Platz mehr, also setzt der (wirklich souveräne) Schöpfer ihn *in die Mitte* – eine räumliche Metapher dafür, dass die Unabhängigkeit der Selbstbestimmung an der Umsicht des Urteils hängt.

Wie beurteilt denn nun dieses mit dem Geschenk der Freiheit begabte Wesen das Werk des Schöpfers in seiner Schönheit und Größe? Die weitere Erzählung scheint darüber zu schweigen. Doch die Anerkennung, auf die der Schöpfergott des humanistischen Mythos gehofft

hat, wird ihm keineswegs vorenthalten: Sie steckt in dem begeisterten
Appell, den der Autor gleichsam in der Perspektive Adams äußert,
nachdem er angedeutet hat, welche Möglichkeiten der Selbstbestimmung der Mensch in seinem freien Rundumblick auf die Stufen der
Schöpfung erkennt – in der Konsequenz des Strebens nach dem Höchsten: „Ein heiliger Ehrgeiz sollte uns ergreifen, uns nicht mit dem Mit-
telmäßigen zu begnügen, sondern uns unter Anspannung aller Kräfte
anzustrengen (denn wir vermögen es, wenn wir wollen), das Höchste
zu erreichen." (33) Dem Menschen, der so urteilt, hat sich die Größe
der Schöpfung erschlossen: Er macht sie sich in der richtigen Einschätzung des Telos seiner Freiheit selbst *zum Vorbild* seines tätigen Strebens. Eben darin liegt die von Gott ersehnte Würdigung: Indem der
Mensch nach dem Höchsten strebt, anerkennt er mit der sinnreichen
Stufenordnung des Kosmos zugleich das Höchste, das in ihm erreich-
bar ist, *als gut.*

Das besagt zugleich: Wenn die Rückmeldung auf die indirekte Frage
Gottes angemessen ausfallen soll, muss der Mensch selbst zum Schöpfer
werden. Er muss sich „frei, aus eigener Macht, selbst modellierend und
bearbeitend zu der von [ihm] gewollten Form ausbilden". (29) In einem
Zusammenhang, in dem uns der Gott als Baumeister vorgestellt wird,
schließt damit die Gottesebenbildlichkeit des Menschen das Bild des
Menschen als schöpferischen Baumeister seiner eigenen Möglichkeiten
ein. Hier liegt zugleich die Formel für den unweigerlichen *Übergang
von Freiheit in Kultur* – denn das Bild des Baumeisters ist nicht allein
im autopoietischen Sinne zu verstehen, sondern zugleich wörtlich im
Sinne des Bauherrn und des Architekten, die etwas vor Anderen und
für Andere errichten und darin exemplarisch tätig sind.

Damit ist dem, was der nicht festgestellte Mensch aus sich zu machen hat, eine kulturphilosophische Pointe gegeben: Die Kultur ist der
Lebensbereich des Menschen, worin er seine Freiheit realisiert, indem
er sich dem Auftrag seines Gottes gemäß zu der von ihm selbst gewollten Form ausbildet (siehe Cassirer 1927, 98).

In Kants „Kritik der Urteilskraft" (1790, § 83, A 391) heißt es im
gleichen Sinne, „die Hervorbringung der Tauglichkeit eines vernünftigen Wesens zu beliebigen Zwecken überhaupt (folglich in seiner Freiheit)" sei „die Cultur". Deutlich wird hier an jenem vormoralischen und
darin basalen Verständnis von Freiheit, das seit der „Kritik der reinen
Vernunft" im Begriff der transzendentalen Freiheit vorliegt (siehe Kapitel 2, 55), die kulturelle Implikation: Wenn Freiheit die *Tauglichkeit*

eines vernünftigen Wesens zu beliebigen Zwecken überhaupt ist, dann ist sie die grundlegende Fähigkeit, aus sich selber und aus seinen Verhältnissen zu machen, was immer man nötig und sinnvoll findet. Die selbstverständliche Verknüpfung von *Vernunft, Freiheit und Kultur* läuft auf einen Begriff der Kultur hinaus, in dem es um all das geht, was der Mensch unter Nutzung seiner besten Kräfte aus sich selbst und seinen vorgefundenen Verhältnissen erschafft.

Kant fügt damit seiner Vernunftkritik, deren methodische Ausführlichkeit bei der Grundlegung gesicherter Erkenntnis, moralischen Handelns und sinnvollen Fühlens in der Rezeptionsgeschichte zu einer Konzentration auf die hohen Vernunftleistungen geführt hat, die Dimension des Pragmatischen hinzu. Er charakterisiert diese als die Kultur, und er begreift sie als den elementaren Bereich der Betätigung menschlicher Freiheit. Es geht hier um die kulturelle Dimension der Vernunft, und sie enthält nicht allein die Freiheit der moralischen Selbstbestimmung im pflichtgemäßen *Handeln*, sie beruht vielmehr schon auf der Freiheit der Bestimmung der eigenen Verhältnisse im *Machen und Herstellen*. Kants Vernunftbegriff umfasst somit auch die pragmatische, ja: die instrumentelle Leistung; sein Freiheitsbegriff läuft nicht ausschließlich auf die Moral hinaus, sondern auch auf Kunst, Wissenschaft, Politik und Technik.

Zwar ist Kultur damit schon vormoralisch als das Medium der Freiheit begriffen. Wir sollen nach Kant jedoch die bloße Freiheit des Machens und Herstellens nicht schon für den höchsten Ausdruck des vernünftigen Selbstverständnisses nehmen, der vielmehr, wie wir gesehen haben, in der Fähigkeit zu sehen ist, sich im Handeln nach dem als eigene Gesetzgebung begriffenen Sittengesetz zu richten (siehe Kapitel 3, 80). Wenn wir durch Kunst und Wissenschaft „im hohen Grade […] cultivirt" sind, dann dürfen wir uns deshalb noch lange nicht für „moralisirt" halten; allerdings gehört in dem Sinne, in dem Kant in der „Metaphysik der Sitten" (1796, A 110) mit Bezug auf die eigenen „Naturkräfte (Geistes-, Seelen- und Leibeskräfte)" von deren „Anbau (cultura)" spricht, „die Idee der Moralität" zur Kultur als dem Inbegriff von Formen der verfeinernden und verbessernden Bearbeitung der menschlichen Natur. Doch da wir von dieser Idee auch einen bloß äußerlichen Gebrauch machen können, ist zur „inneren Bildung der Denkungsart" der Bürger im Zweifelsfall „eine lange innere Bearbeitung jedes gemeinen Wesens", das heißt jeder Gesellschaft, erforderlich (1784, 26).

So gerät aber mit der Moral auch die Politik als methodisch ausge-
zeichneter Ort der Freiheit in den Blick (24f.; siehe auch 1795). Indem
Kant die „Idee der Moralität" der Kultur zuordnet, macht er deutlich,
dass auch die reine Vernunft eine empirische Seite hat: Im Anspruch auf
ihre Durchsetzung und Verbreitung ist sie auf förderliche äußere Bedingungen angewiesen. Die Kultivierung und Sicherung der menschlichen Freiheit ist ein langwieriges und vielgestaltiges Unternehmen.
Nur durch solche Kultur hat der Mensch die Möglichkeit, auch seine
moralische Freiheit zu verwirklichen.

Dass aber Kultur und Moralität in einem Wechselverhältnis stehen, hat Kant in seiner Moralphilosophie aufschlussreich zur Geltung
gebracht – im exemplarischen Fall einer *Pflicht gegen sich selber*, den
er bei der Exposition seiner Grundbegriffe in der „Grundlegung zur
Metaphysik der Sitten" anführt: als die Pflicht des Einzelnen, seine Anlagen und Begabungen nach besten Kräften auszubilden. Ich soll mir,
so stellt Kant (1785, 422f.) erkennbar vor der Erfindung der *political
correctness* heraus, nicht „wie die Südsee-Einwohner" aus schierem
„Hange zur Ergötzlichkeit" die „Maxime der Verwahrlosung [m]einer
Naturanlagen" machen. sondern meine Pflicht gegen mich selber darin
erkennen, den Anbau (*cultura*) der eigenen Naturkräfte (Geistes-, See-
len- und Leibeskräfte) zu betreiben. Weil aber die Kultur nicht erst im
Gattungsmaßstab, sondern auch im individuellen Maßstab zu den ganz
spezifischen beliebigen Zwecken der eigenen Befähigung und Begabung
das Medium zur Entfaltung der Möglichkeiten, zur Hervorbringung
der Tauglichkeit des vernünftigen Wesens ist, deshalb *brauchen* wir
sie auch für diejenige Form der Freiheit, die in der Erfüllung dieser
Pflicht gegen uns selbst besteht. In diesem Sinne gilt nicht allein die
Bestimmung aus der „Idee zu einer allgemeinen Geschichte", dass *die
Idee der Moralität zur Kultur gehört*, sondern auch umgekehrt: Die Idee
der Kultur gehört zur Moralität.

In kongenialer Weise begreift im 20. Jahrhundert Ernst Cassirer die
Kultur als Projekt der Freiheit. Dass in der Kultur die Lebensform des
Menschen zu sehen ist, begründet Cassirer (1944, 51) in der anthropologischen Einsicht, der Mensch sei das „animal symbolicum", das sym-
bolerzeugende und symbolverstehende Lebewesen: Was auch immer
wir tun, steht in einem Kontext sachhaltiger Bedeutung. Für die Handelnden ist es mit einem Sinn verknüpft, den in der Regel auch die Beobachter verstehen. In der symbolischen Tätigkeit macht der Mensch
etwas aus den vorgefundenen Bedingungen und aus sich selbst, indem

er die Eindrücke, denen er ausgesetzt ist, im selbsttätigen Ausdruck verfügbar macht, dabei Sinnlichkeit und Sinn zu immer wieder neuen Formen der Einheit organisiert. Kultur ist das System solcher *symbolischen Formen* wie Sprache, Mythos, Religion, Kunst, Wissenschaft, Technik, Recht, Moral und Geschichte, in denen die symbolische Aktivität des menschlichen Geistes am Werk ist.

Der produktive Prozess der Kultur ist zugleich der in jedem Akt der Symbolisierung erneute Ursprung menschlicher Freiheit. In der verobjektivierenden Leistung der Einbildungskraft, mit deren Hilfe wir unsere Eindrücke im tätigen Ausdruck auf Abstand bringen, entspringt für Cassirer Freiheit als produktiver Distanzgewinn gegenüber der Sache, den Anderen und gegenüber sich selbst. Ganz ähnlich begreift es Hans Jonas (1994, 265–301) mit seinem Begriff des „Homo pictor". In jeder symbolisch vermittelten Bedeutung wird mit der Funktion der Verobjektivierung, durch die auch das Subjekt überhaupt erst in seine Funktion tritt, jene Distanz gewonnen, die Verfügung nach außen wie nach innen möglich macht: Mit einer *Reflexionsspanne* wird zugleich ein praktisch wie poietisch auszulegender *Handlungsspielraum* geschaffen.

Besonders deutlich hat Cassirer die Pointe seines Gedankens von *Freiheit durch Distanz* in dem Aufsatz „Die Sprache und der Aufbau der Gegenstandswelt" (1931) gemacht: Nicht allein bildet sich in der sprachlichen Benennung erst der *dingliche Gegenstand* so, dass wir im Sprechen über ihn verfügen können – auch für das Verhältnis zu unseren *Affekten* gilt, dass die sprachliche Artikulation zur Verobjektivierung und damit zum freien Umgang mit einem Problem führt. Wenn ein kleines Kind sich von seiner Furcht vor fremden Menschen durch die gleichsam rituelle Wiederholung der Formel „Keine Angst" zu distanzieren lernt, dann ist darin ein exemplarischer Fall jener *Befreiung* zu sehen, die Cassirer (1931, 136f.) als den Effekt jeder symbolischen Artikulation geltend macht. Im „Essay on Man" (1944), einer bilanzierenden Revision der „Philosophie der symbolischen Formen" (1923–29), stellt er deren Leitmotiv in den historischen Maßstab der Kulturentwicklung: Die gemeinsame Funktion jeder Symbolisierung – von den elementaren und unscheinbaren mentalen Leistungen bis zu den anspruchsvollsten Werken – ist *Befreiung*, Befreiung vom bloßen Eindruck zur selbsttätigen Artikulation im gestalteten Ausdruck. In diesem Sinne heißt es, die Kultur sei systematisch als Form der Freiheit und historisch als „Prozeß der fortschreitenden Selbstbefreiung des Menschen" zu verstehen (Cassirer 1944, 345).

Hans Blumenberg (1920–1996) hat in der „Beschreibung des Menschen" (2006) in eigener systematischer Absicht ausdrücklich die Bestimmung des *animal symbolicum* aufgegriffen und ihr in seiner großen Erzählung vor der Menschwerdung als Kryptogenese eine lebenswissenschaftliche Basis verschafft. *Kryptogenese des Menschen* soll heißen: Die Menschwerdung ist nicht an morphologischen Merkmalen abzulesen. Es muss stattdessen eine rekonstruierbare Tat gewesen sein, durch die sich der Mensch konstituiert hat. Blumenberg vermutet sie in dem Steinwurf, zu dem sich der Mensch auf der Flucht vor einem Verfolger genötigt sah. Im unvordenklichen Akt der werkzeugbewehrten Selbstverteidigung macht dieses Lebewesen den entscheidenden Entwicklungssprung (Blumenberg 2006, 581). Die Urszene der Menschwerdung darf darin deshalb gesehen werden, weil in ihrer komplexen Kontextualisierung alle Momente der menschlichen Situation prägnant zusammentreffen: die Selbstaufrichtung, der prekäre Gewinn von Sichtbarkeit, die Dramatisierung von Selbsterhaltung in der Selbstbehauptung, die Notwendigkeit, Prävention als Leitmotiv des Krisenbewusstseins zu kultivieren, und der methodische Einsatz instrumenteller Hilfsmittel. Der Mensch ist das Wesen, das sehr „viel Rücken" hat (1979, 193), so beschreibt Blumenberg die Situation der Selbstbehauptung eines allseitig ausgesetzten Wesens. Als Verfolgter muss er sich in der flächendeckenden riskanten Sichtbarkeit für den Anderen den Rücken durch drastische Selbsttätigkeit freizuhalten suchen: durch einen Erfindungsreichtum, mit dem sich Situationen gleichsam schlagartig verändern lassen. Der Steinwurf wird dadurch zum *pars pro toto* in dieser Rekonstruktion.

So gewinnt Blumenberg aus dessen lebenswissenschaftlich informierter, intelligibler Urgeschichte den Begriff des Menschen. Er betont, dass dessen Ausstattung mit Bewusstsein und mit Vernunft krisenbedingt sei, und legt damit das Verständnis von einer Vernunft nahe, die – gleichsam eine „Hintertür des Lebens" (2006, 521; vgl. 552) – kompensatorisch als Komplement des (durch Biotopwechsel aufgenötigten) aufrechten Ganges fungiert; er betont an der Sichtbarkeit des aufgerichteten Menschen mit seiner Frontaloptik den Charakter der Bedrohung, die durch seine allseitige Orientierungs- und Präventionsfähigkeit kompensiert werden muss.

Blumenberg sieht in diesen Momenten die Bedingungen jener Urszene, in der durch die Instrumentalisierung eines Steines als Wurfgeschoss das Fluchttier zum Kampftier wird. Und er findet aufgrund dieses exemplarischen Aktes den Menschen im Begriff der *actio per distans* wesentlich ausgezeichnet durch die Fähigkeit zur *befreienden Distanz* (575), deren Kehrseite die Angewiesenheit auf instrumentell eingesetzte Medien des Agierens ist. Diese Fähigkeit wird im Verlauf der weiteren Entwicklung habitualisiert und in den verschiedensten Formen kultiviert: von der Nutzung des Wurfgeschosses zur Selbstverteidigung über die Fähigkeit zum Begriff bis zur Entwicklung der Technik und der Ausbildung von entlastenden Institutionen. Die systematische Organisationsform dieser Medialität ist die Kultur; in ihr als dem „Barbareiverschonungssystem" entspringt durch den Distanzgewinn, den sie ermöglicht, Freiheit. Menschliche Freiheit bewegt sich für Blumenberg in den *Umwegen*. Das ist seine Metapher für Vermittlung, für *actio per distans*. Deren Inbegriff ist die Kultur (Blumenberg 1987, 137f.).

Politische Freiheit

Folgen wir der Systematik eines grundlegenden, den Menschen in allen seinen produktiven Aktivitäten erfassenden Kulturbegriffs, wie er bei Pico, Kant, Cassirer und Blumenberg prägnant wird, dann ist auch die Politik als eine kulturelle Form zu begreifen, in der sich Freiheit realisiert und artikuliert. Politische Freiheit ist institutionell organisierte und rechtlich garantierte Handlungsfreiheit.

„Der Sinn von Politik ist Freiheit", so heißt es emphatisch bei Hannah Arendt (1906–1975; 1993, 28). Sie meint damit: Politik hat die Funktion, dass sich hier die Menschen herrschaftsfrei über die wesentlichen Angelegenheiten ihres Zusammenlebens verständigen. Ihr an der griechischen Polis orientiertes Verständnis ist gebunden an den Begriff eines öffentlichen (darin selber per se *politischen*) Handelns, das jeglicher Zwecksetzung enthoben und somit Selbstzweck ist. Solche Freiheit realisiert sich im spontanen Prozess eines Handelns, das in sprachliche Verständigung eingebettet ist. Arendt tendiert damit zu einem Konzept des Politischen als kommunikativen Handelns, demgemäß sich die menschliche Freiheit allein in direkter Aktion und lebendigem Prozess realisiert. Ihrem Ansatz zufolge wäre das Element des Politischen der von Kant beschriebene *sensus communis*, das Vermögen, sich im Denken an die Stelle des anderen zu versetzen und seine Position in die eigenen Entscheidungen einzubeziehen (vgl. Kant 1790, A 157ff.). Nicht allein die Ideen und die Prinzipien als Instanzen der Orientierung im freien Handeln werden hier ausgeblendet; auch die Angewiesenheit der politischen Handlungsfreiheit auf Institutionen bleibt unterbestimmt: Zwar würdigt Arendt durchgehend die *Öffentlichkeit* als den politischen Raum für das freie Handeln. Doch die vordringliche wie vorrangige Institution, das *Recht*, kommt durchgehend zu kurz.

Dabei gehört die rechtliche Verfassung schon für Platon (427–347 v. Chr.) zum Grundbestand des Lebens in der Polis, in der die Menschen ihre Freiheit sichern. Seiner Theorie vom gerechten Staat in der „Politeia" hat Platon die Schrift über die Gesetze des Staates („Nomoi") folgen lassen. Diese muss man als eine Verfassungslehre des Politischen deuten, die auf die Selbsterkenntnis der Individuen, auf ihr Verlangen nach Abgrenzung und Auszeichnung, zugleich auf das Bedürfnis nach Beratung und Verständigung und damit letztlich auf Frieden ausgerichtet ist. Elementare Bedingung ist die Freiheit (*eleutheria*), in der sich die Menschen nicht nur für das Leben in der Gemeinschaft, sondern auch für deren gesetzliche Grundlage entscheiden (Nomoi 722b/e). Wer nicht einverstanden ist, hat die *Freiheit zu gehen*. Schon in seinem frühen Werk „Kriton" hatte Platon seine Hauptfigur Sokrates die Überzeugung äußern lassen, dass der Mensch alles, was er ist, den Gesetzen seiner Stadt verdankt. „Sind wir es nicht zuerst, die dich zur Welt gebracht haben und durch welche dein Vater deine Mutter bekommen und dich gezeugt hat?" (Kriton 50d), so lässt Platon in suggestiver Rede die Gesetze der Stadt durch den Mund des Sokrates sprechen und nach den Ehegesetzen auch die Gesetze zu Erziehung und Schulpflicht anführen: Nur durch den Schutz der Gesetze kann der Mensch leben, in Freiheit leben und sich frei entwickeln (Kriton 50a–51c).

Diese aus der Antike überlieferte Einsicht hält sich in den Staats- und Rechtslehren der Neuzeit. Sie ist im durchgängig wirksamen Römischen Recht bewahrt, wird durch die Überlieferung der Schriften Ciceros wachgehalten, bestimmt die Rezeption der wiederentdeckten aristotelischen Texte bei Marsilius von Padua (1280/85–1342), kommt in Dantes (1265–1321) Streitschrift gegen die Machtansprüche des Papstes („De monarchia", 1317) zu einem weit in die Moderne vorausweisenden Höhepunkt und ist auch in Machiavellis (1469–1527) „Discorsi" (1513/19) anwesend. Vor diesem Hintergrund stärkt der Mitte des 15. Jahrhunderts wiederentdeckte Platon den Freiheitsanspruch der Humanisten, dem insbesondere Erasmus von Rotterdam Ausdruck verleiht.

Gegen Ende des 16. Jahrhunderts wird durch Jean Bodin (1530 bis 1596) die Konzeption des souveränen Staates entworfen, den die Denker der ersten englischen Revolution (John Lilburne 1615–1657; James Harrington 1611–1677; John Milton 1608–1674) wie auch der ihnen 1651 entgegengesetzte „Leviathan" des Thomas Hobbes (1588–1679) auszugestalten suchen. Schon bei Bodin (1576, I, 3) ist alles politische Handeln auf einen präzisen Begriff der Freiheit gegründet, der nicht nur von politischer Bedeutung ist: „Natürliche Freiheit bedeutet für uns, […] keinem lebenden Menschen unterworfen zu sein und von niemand anderem Befehle entgegennehmen zu haben als von sich selbst, d. h. von der eigenen Vernunft, die stets im Einklang mit dem Willen Gottes steht." In Abgrenzung von Hobbes, der selbst nicht ohne die Unterstellung der freien Entscheidung der Bürger für den Herrschaftsvertrag mit dem Souverän auskommt, wird bei John Locke (1632–1704) die politische Philosophie zur Freiheitslehre überhaupt, die bis heute den Titel des Liberalismus trägt.

Locke wird zum wirkungsmächtigen Anwalt elementarer Freiheitsrechte, auf die sich in der Folge sowohl die Theorie der Gewaltenteilung und der Menschenrechte wie auch die des freiheitlichen Rechtsstaats gründen. Man muss sich das Fanal der Unabhängigkeitserklärung der Vereinigten Staaten von Amerika von 1776 im Wortlaut ihres ersten Satzes in Erinnerung rufen, um zu erkennen, wie eng der Begriff der Freiheit mit dem politischen Selbstverständnis der Gegenwart verbunden ist: „We hold these truths to be self-evident, that all men are created equal, that they are endowed by their Creator with certain unalienable Rights, that among these are Life, Liberty and the pursuit of Happiness."

Rousseau (1712–1778; 1762, 5) ist dieser Einsicht um ein paar Jahre voraus: „Der Mensch ist frei geboren, und überall liegt er in Ketten." So lautet der erste Satz der 1762 erschienenen Schrift über den Gesellschaftsvertrag („Du contrat social"). Die Diskrepanz zwischen der Idee der Freiheit, die für den Philosophen untrennbar mit dem Begriff des Menschen verbunden ist, und den tatsächlichen Verhältnissen, in denen der Mensch ein erniedrigtes, geknechtetes, unterdrücktes Wesen ist, bildet das Motiv einer Gesellschaftskritik, die in der theoretischen Grundlegung einer rechtlichen Verfassung zur Sicherung von Freiheit und Eigentum ihr Ziel findet.

Es ist Kant (1784, 22), der die Jahrtausende alte Tradition der Theorie und Praxis rechtlich verfasster Staaten auf den Punkt bringt: Die höchste Aufgabe der Menschheit sei es, einen Zustand zu erreichen, durch den „die größte Freiheit" und zugleich „die genauste Bestimmung und Sicherung der Grenzen dieser Freiheit" gelingen kann: „damit sie mit der Freiheit anderer bestehen könne". Der erstrebenswerte Zustand kann nur in der „vollkommen *gerechte[n] bürgerliche[n] Verfassung*" verwirklicht werden: als „*Freiheit unter äußeren Gesetzen*". Das Recht ist mit anderen Worten die Form der Sicherung derjenigen „äußeren Freiheit", durch welche die Handelnden einander wechselseitig in ihrer Freiheit Abbruch tun können und die daher methodischer Begrenzung bedarf. Die juridischen Rechte sorgen dafür, dass „die Freiheit der Willkür eines jeden mit jedermanns Freiheit nach einem allgemeinen Gesetze zusammen bestehen kann". (Kant 1797, 230)

Die Politik kann diese Freiheit nur in der fortschreitenden Verrechtlichung der menschlichen Verhältnisse sichern – als „ausübende Rechtslehre". (Kant 1795, 370) Um der Einsicht zu entsprechen, dass ein Staat nichts anderes sei als „eine Gesellschaft von Menschen, über die Niemand anders, als er selbst zu gebieten und zu disponiren hat" (344), sollte er auf den Grundrechten einer liberalen demokratischen, in der Sprache der Zeit: „republikanischen" Verfassung beruhen, durch welche die Handlungsfreiheit des Einzelnen zudem vor dem Staat selber geschützt wird: Freiheit, Gleichheit, gleiche Abhängigkeit vom Gesetz (349–353). Mit der Devise „man muß frei sein, um sich seiner Kräfte in der Freiheit zweckmäßig bedienen zu können", appelliert Kant (1793, 188) an die Vernunft der Herrschenden, ein Argument gegen die freiheitlich-demokratische Rechtsverfassung nicht etwa darin sehen zu wollen, dass das Volk zur Freiheit „noch nicht reif" wäre: „man reift für die Vernunft nie anders, als durch *eigene* Versuche (welche machen zu dürfen, man frei sein muß)."

John Stuart Mill (1806–1873), einer der wirkungsmächtigsten Denker der liberalen Tradition, versteht in seiner Schrift „On Liberty" (1859) die politische Freiheit als die unantastbare Freiheit des Individuums. „Über sich selbst, über seinen eigenen Körper und Geist, ist der einzelne souveräner Herrscher", so lautet Mills (1859, 17) Credo. Es geht ihm dabei um den Spielraum, den der Einzelne in seinem Anspruch auf Selbstbestimmung im Handeln verlangen kann, und den es gegen Zwang und Bevormundung, ja: gegen jegliche Einmischung durch die Anderen zu sichern gilt. Diese Handlungsfreiheit gründet sich nach seiner Einsicht in allen ihren Formen auf die Freiheit des Denkens (siehe Kapitel 3, 76ff.). Das „eigentliche Gebiet der mensch-

lichen Freiheit" erstreckt sich demnach nicht allein darauf, dass wir
ungestört unserem eigenen Geschmack und unseren Studien nach-
gehen, dass wir „einen Lebensplan" entwerfen, der unseren Charakter-
anlagen entspricht, dass wir mit anderen Worten „tun, was uns beliebt,
ohne Rücksicht auf die Folgen und ohne uns von unseren Zeitgenossen
stören zu lassen […] selbst wenn sie unser Benehmen für verrückt, ver-
derbt oder falsch halten." Vor allem anderen betrifft diese Freiheit „das
innere Feld des Bewusstseins": die „Gewissensfreiheit", die „Freiheit
des Denkens und Fühlens", die „unbedingte Unabhängigkeit der Meinung und der Gesinnung bei allen Fragen, seien sie praktischer oder
philosophischer, wissenschaftlicher, moralischer oder theologischer
Natur", und bei alledem die „Freiheit, Meinungen in Wort und Schrift
zu vertreten", die von der Freiheit des Denkens „praktisch untrennbar"
ist (20). Auch die Freiheit des Zusammenschlusses, „die Erlaubnis, sich
zu jedem Zweck zu vereinigen, der andere nicht schädigt" (20), darf im
Kanon der Freiheiten nicht fehlen.

   „Zu jedem Zweck, der andere nicht schädigt"; und: „solange wir
[anderen] nichts zuleide tun" – mit paradigmatischen Formeln wie diesen macht Mill kenntlich, dass die Toleranz der liberalen Denkungsart durchaus über ein Kriterium der Einschränkung gebietet, und er
markiert die einzige nach seiner Einschätzung legitime Beschränkung
der individuellen Freiheit durch das Schadensprinzip (*principle of*
harm). Die Freiheit, die einer in Anspruch nimmt, hat ihre natürliche
Grenze dort, aber auch nur dort, wo ein anderer durch sie zu Schaden
kommen würde.

   Die politische Freiheit ist in erster Linie die Freiheit des privaten
Menschen, die es im Zweifelsfall gegen Staat und Gesellschaft zu verteidigen gilt. Die Stoßrichtung dieser Verteidigung beschränkt sich dabei
keineswegs auf den in erster Linie genannten „Herrscher" (6), sie geht
auch gegen abgeleitete Instanzen der Herrschermacht, zu denen neben
der „Tyrannei der Behörde" auch „die Macht der öffentlichen Meinung"
(22) gehört. Das ist „die Tyrannei des vorherrschenden Meinens und
Empfindens". (10) Gegen diese, gegen „das Joch der öffentlichen Meinung" (15), stellt sich Mill eine andere, eine im Interesse an der wahren
Erkenntnis organisierte Öffentlichkeit als angemessenen Schutz vor.

   Den Begriff einer „Tyrannei der Mehrheit" (9), in dessen kritischer
Ausrichtung sich auch ein Korrektiv seines utilitaristischen Nutzen-
prinzips (*das größte Glück der größten Zahl sei das Kriterium des mora-*
lischen Handelns) ankündigt, übernimmt Mill in seiner Argumentation

für den Schutz der individuellen Freiheit von Alexis de Tocqueville
(1805–1859), der ihn zur Kennzeichnung einer der großen Gefahren
demokratischer Gesellschaften entwickelt hatte. Das Gegengift sieht
Mill allein in der Sicherung der individuellen Gedankenfreiheit, die
nicht anders gefördert werden kann als durch Bestärkung des unab-
hängigen Urteils des Einzelnen. Diese wiederum ist nur in der Auseinandersetzung mit möglichst vielen anderen Meinungen zu haben. In
ihr muss sich die Urteilskraft bilden und bewähren. So läuft die Argumentation zur Verteidigung der individuellen Freiheit hinaus auf ein
Plädoyer für die *liberale Öffentlichkeit* als Forum ungehinderter Auseinandersetzung widerstreitender Meinungen.

Isaiah Berlins (1909–1997) Essay „Two Concepts of Freedom"
(1958), der vielen als ein *locus classicus* des politischen Liberalismus
gilt, dreht sich um die Einsicht, dass Freiheit ein „proteisches Wort"
sei. Im Ausgang von der Kritik an der Einseitigkeit von Mills Freiheits-
konzeption analysiert Berlin eine Dialektik der politischen Freiheit, die
auf das eigentliche Problem der politischen Philosophie führe: auf die
Frage nach der Legitimität von Herrschaft. Einerseits ist es unabding-
bar, die bloß *negative Freiheit* im Sinne der Ungestörtheit durch Andere
(Berlin 1958, 201), die „Freiheit von sozialer Kontrolle" (206), wie Mill
sie als den persönlichen Freiraum (203) verteidigt, zu sichern. Dies ist
nur möglich durch die Realisierung einer *positiven Freiheit* der Selbstbestimmung durch *Partizipation* an der politischen Herrschaft (siehe
dazu Gerhardt 2007). Andererseits tendiert ebendiese positive Freiheit
zur Verkehrung in die paternalistischen oder despotischen Bevormundung. Hinter der Doppeldeutigkeit des Freiheitsbegriffs, so behauptet
Berlin unter Bezug auf die Geschichte des europäischen Rationalismus
und seiner Pervertierung in den Systemen totalitärer Unterdrückung,
steht eine psychologische und politische Tatsache: dass Menschen be-
reit sind, im Interesse ihrer eigenen positiven – und dabei im Namen
einer idealisierten – Freiheit die Freiheit Anderer zu unterdrücken
(Berlin 1958, 244).

Was Berlin damit beschreibt, ist eigentlich eine *Antinomie der Freiheit*: Dieselbe Vernunft, die den Anspruch des Individuums auf seine
(negative) Freiheit trägt, kann als Berufungsinstanz der (positiven)
Freiheit zur ideologischen Legitimation von Unterdrückung herange-
zogen werden (siehe 234).

Doch es bleibt dabei: Nur wenn die positive Freiheit der Partizipation am politischen Prozess der Herrschaft gewährleistet ist, kann

es auch sicher sein, dass Autonomie wirklich aktive Selbstbestimmung ist und nicht etwa jener ideologisch verbrämte Rückzug in die „innere Zitadelle" (215), der eben dann notwendig zu werden scheint, wenn die pervertierte Freiheit im Namen des wahren Menschen die wirklichen Menschen einer Idealkonzeption unterwirft, die sich in erfahrungsferner Verzerrung einer Idee als der einzig wahre Weg zur Freiheit ausgibt (226ff.). Aus der Warnung vor ideologischem Missbrauch der Freiheitsidee muss die Forderung nach reflektiertem Ausgleich von negativer und positiver Freiheit abgeleitet werden – einer Balance, die allein unter dem grundsätzlichen Veto im Namen des individuellen Freiraumes gelingen kann: „Jede noch so ausgefallene Interpretation des Wortes Freiheit muß ein Mindestmaß dessen, was ich ‚negative' Freiheit genannt habe, umfassen. Es muß einen Bereich geben, in dem ich ungehindert agieren kann." (243) So führt die Dialektik der Problematisierung schließlich zum Plädoyer für einen *Pluralismus* ganz im Sinne Mills, in dem die Quintessenz des politischen Liberalismus als der angemessenen Sicherung der zwei Richtungen von Freiheit (254f.) zu sehen sein soll.

Autonomie der Kunst – Freiheit in der ästhetischen Erfahrung

Wie in einer Koevolution prägen sich in der Moderne die Autonomie der Kunst und das Bewusstsein von der besonderen Freiheit des ästhetischen Betrachters aus (siehe zum Folgenden Recki in Liessmann 2007). Bei Friedrich Schiller (1759–1804) heißt es in normativer Absicht: „Die Kunst ist eine Tochter der Freiheit". (Schiller 1795, Zweiter Brief, 6) Der damit behauptete Anspruch ist seit dem 18. Jahrhundert immer wieder aufs Neue begründet und erläutert worden. Wenn Schiller warnt, der Künstler sei zwar der „Sohn seiner Zeit", er dürfe aber nicht „ihr Zögling oder gar noch ihr Günstling" sein (32); wenn Kant (1790, A 6) in ironischer Derbheit sagt, dass Kunstwerke „blos für das Angaffen gemacht" seien, dann sind zwei Anfangsbestimmungen der Autonomie von Kunst gegeben: die Freiheit von der Bevormundung durch Auftraggeber, überhaupt die gesuchte Unabhängigkeit vom Zeitgeist, und die Absetzung gegen pragmatische Zweckfunktionen.

Bloß für das Angaffen gemacht zu sein, das enthält das demonstrative Paradox, die Entlastung von aller bestimmten Funktion selbst als

Funktionsbestimmung zu fassen. Doch auch die Ablehnung gleichsam des Auftrags bloßer Abbildung oder *Nachahmung* von Gegebenem gehört in das Konzept einer als autonom verstandenen Kunst. Die Anerkenntnis des produktiven künstlerischen Eigensinns bringt im 20. Jahrhundert stellvertretend für viele andere der Maler Paul Klee (1920, 60) auf den Punkt: „Kunst gibt nicht das Sichtbare wieder, sondern macht sichtbar". Erst durch den damit umschriebenen Anspruch ist das Verständnis der Autonomie von Kunst als einer sachhaltigen Souveränität getroffen. Sie besteht wesentlich im Geltungsanspruch eigenständiger Gestaltung. Autonomie der Kunst ist die interne Bedingung der Gestaltung nach Maßgabe selbstbestimmter Formgesetze.

Unter den Philosophen des 20. Jahrhunderts ist es Theodor W. Adorno (1903–1969), der den Gedanken von der Autonomie der Kunst am nachdrücklichsten artikuliert hat: Die Kunst hat ihr eigenes Prinzip, das dem Herrschaftsprinzip der äußeren (gesellschaftlichen) Wirklichkeit entgegengesetzt ist. Sie gibt sich ihr eigenes Gesetz, das Adorno als das *ästhetische Formgesetz* anspricht. Damit ist keineswegs die absolute Unabhängigkeit einer Schöpfung aus dem Nichts gemeint. Die Kunst ist ebenso institutionell in die äußere Wirklichkeit eingebunden wie in ihren Hervorbringungen auf sie bezogen; doch was auch immer sie von dieser Wirklichkeit aufnimmt, sie unterwirft es der Eigendynamik ihrer Gestaltung. Die Vorstellung des Gegebenen wird in der künstlerischen Produktion deren eigenen Verfahren der Darstellung und des Ausdrucks unterzogen. Es ist die „innere Notwendigkeit" künstlerischer Verwandlung (Kandinsky 1912, 69 u. ö.), welche die Autonomie der Kunst ausmacht.

Adorno (1970, 187) bringt das Prinzip der autonomen Gestaltung auf die Formel: „Nichts unverwandelt"! Die Kunst bildet damit gleichsam eine Wirklichkeit eigenen Rechts. Eben durch ihren Eigensinn weckt oder steigert sie aber in uns eine Aufmerksamkeit, die unseren Blick auch für die Wirklichkeit sensibilisiert. Die ästhetische Autonomie ist für Adorno geradezu die Bedingung der großen Wirkungen in moralisch-politischer Perspektive, die er in einer verkehrten Welt allein der Kunst noch zutraut. In diesem Punkt denkt er ähnlich wie 200 Jahre zuvor Schiller, der nach der Lektüre der epochemachenden Schrift zur Autonomie des Ästhetischen (Kant 1790) nicht müde wird, dies Paradox zu betonen: dass die Wirksamkeit der Kunst, ihr Einfluss auf das Denken und Fühlen der Menschen und damit auf den Zustand der Gesellschaft, nur unter der Voraussetzung ihrer Unabhängigkeit von unmittelbaren gesellschaftlichen Ansprüchen und Eingriffen möglich sei.

Warum ist dieses Thema so wichtig, dass es große Denker wie Kant, Schiller, Hegel, Schelling, Nietzsche, Simmel, Cassirer, Adorno und viele andere ebenso stark beschäftigt hat, wie es die Gemüter des Publikums bis heute erhitzt? Weil in der autonomen Kunst die menschliche Freiheit anschauliche Gestalt anzunehmen scheint und damit zum Anhaltspunkt des humanen Selbstverständnisses werden kann. In ihrem von äußeren Ansprüchen freigesetzten, für jeglichen Inhalt offenen Gestaltungsbereich besteht für den Künstler die Möglichkeit, ohne Beschränkung durch vorgegebene Zwecke die Potentiale der eigenen Vorstellung, der Erfindung und Selbsterfindung, experimentell zu entfalten. Durch die Sensibilisierung und Steigerung der Aufmerksamkeit, durch die Intensivierung der Erfahrung, die sie anstößt, gewährt die Kunst aber auch dem Betrachter einen Freiraum der Wahrnehmung und des Nachdenkens. Cassirer (1944, 221) spricht hier von einer „Intensivierung der Wirklichkeit", welche die Kunst in der Freiheit des Entdeckens und der Reflexion vermittelt.

In der Kunst als einem besonders geschützten und geachteten Bereich der selbstbestimmten und eigendynamischen Artikulation kann somit auch der Anspruch sinnfällig werden, den wir an uns selbst und an unseresgleichen stellen. Auf eine nicht von vornherein durch den praktisch-pragmatischen Ernst des Lebens diktierte, insofern spielerische Weise kommt hier das zur Geltung, was den Menschen nach seinem eigenen Verständnis auszeichnet: Freiheit. In der Freiheit der Kunst spiegeln und brechen sich wie in einem bevorzugten Medium die Vorstellungen von der eigenen Freiheit, die der moderne Mensch mit seinem Selbstbewusstsein verbindet.

So ist es denn auch kein Zufall, dass mit dem Thema der autonomen Kunst die Rolle des Betrachters und Hörers, generell: des Rezipienten in den Blick gerät. Wir kommen dem Verständnis der Kunst als eines Potentials der Freiheit um das entscheidende Stück näher, indem wir uns klarmachen, dass das Kunstwerk einen *Spielraum* eröffnet: den Spielraum der Interpretation, ohne den sich die Bedeutung des Kunstwerks nicht erleben lässt. Offensichtlich wird dies an Werken der modernen Kunst, beispielsweise an den Formen abstrakter und nicht figürlicher Malerei, in denen das Bild „vom Beschauer schrittweise synthetisiert werden soll." (Gadamer 1974, 12) Doch gibt es unter dem Gesichtspunkt des „Mit-tätig-seins" keinen prinzipiellen, sondern nur einen graduellen Unterschied zwischen traditioneller und moderner Kunst (36). Das Werk ist immer eine „Aufgabe". (37) Nachdem die Genietheorien des 18. Jahrhunderts *den Künstler* als einen zweiten Schöpfer nach Gott ausgezeichnet haben, begreifen die Rezeptionsästhetiken des 19. und 20. Jahrhunderts deshalb auch *den Rezipienten* als einen genuinen Schöpfer analog zum Künstler. In gewissem Sinne leistet er einen „Akt der Neuschöpfung". (Dewey 1934, 69) In diesem Akt erfährt er die Freude einer *entlasteten und selbstbestimmten Produktivität*, die Lust an *der Selbsttätigkeit* in der Entdeckung, den Gewinn an *Selbständigkeit* im mitwirkenden Aufbau des Bildes – ja, an *Verantwortlichkeit* für das Zustandekommen seiner Bedeutung. Auch in diesem Sinne gewährt die Kunst „eine innere Freiheit, die wir anders nicht erlangen können." (Cassirer 1944, 230)

Das Freiheitserleben, das die Kunst vermittelt, wurde in der Tradition vor allem in der Spieltheorie der ästhetischen Erfahrung thematisiert. Kant und Schiller sind hier exemplarisch. Wenn Schiller, für den die ästhetische Erfahrung im Spieltrieb des Menschen gründet, sagt, der Mensch sei „nur da ganz Mensch, wo er spielt" (Schiller 1795, Fünfzehnter Brief, 63), dann heißt das auch, dass der Mensch nur da *ganz frei* ist, wo er spielt. Seine Konzeption vom Spieltrieb, durch den der Stofftrieb (Sinnlichkeit) und der Formtrieb (Verstand) des Menschen in ein harmonisches Gleichgewicht gebracht werden, ist inspiriert von Kants Metapher eines *freien Spiels der Erkenntniskräfte*, mit der dieser in der „Analytik des Schönen" seiner „Kritik der Urteilskraft" die ästhetische Reflexion charakterisiert: eine Reflexion, in der sich die Einbildungskraft als das Vermögen der sinnlichen Anschauung und der Verstand als das Vermögen der Begriffe mit dem Gegenstand beschäftigen – entlastet von Vorgaben der Erkenntnis, des Nutzens, des moralischen und des politischen Anspruchs. Kant (1790, A 16 und A 28) spricht deshalb nicht allein von einem *Wohlgefallen ohne alles Interesse*, sondern von einem *freien Spiel der Erkenntniskräfte*. Es ist dieses freie Spiel, durch das die ästhetische Lust entspringt, jenes Wohlgefallen, das wir artikulieren, wenn wir etwas schön finden.

Die Pointe der kantischen Reflexion auf dieses ästhetische Wohlgefallen führt tiefer in die Diskussion über Freiheit, als es auf den ersten Blick erkennbar ist. Denn das ästhetische „Lebensgefühl" (A 4) erweist sich als Effekt einer freien Reflexion, die durch keinen vorgegebenen Zweck terminiert ist und insofern in der Tat unsere intelligenten Kräfte *freisetzt*, und die Kant deshalb in die Metapher vom freien Spiel fasst.

Angesichts einer „Vorstellung der Einbildungskraft, die viel zu denken veranlaßt, ohne daß ihr doch irgend ein bestimmter Gedanke, d. i. *Begriff*, adäquat sein kann"; eben: als Effekt einer spielerisch hin und hergehenden, sich in der Schwebe haltenden Gedankenbewegung (A 192f.) stellt es sich ein, dieses Gefühl einer freien Bewegung des freien Geistes. Es geht hier somit um die Freiheit einer bestimmten – spielerischen – Form des Denkens (siehe Recki 2006, 143–166), und es ist diese Freiheit, die wir als befreiende Aktivierung unserer Potentiale genießen.

5

Die Realität der Freiheit: Ein pragmatischer Beschluss

„Was geht hier vor?", so können wir angesichts der Freiheitsbestreitung durch die Determinismen neuerer Provenienz gerade auch nach dem Einblick in die Dimensionen der Freiheit fragen. Gleichsam auf dem Sockel gewachsener, erworbener, eingeübter und mit jedem Satz und jeder Tat benötigter Freiheit: In einer Situation, die sich einer Jahrtausende langen Bemühung um Freiheit verdankt, bekommen wir Laborkonstruktionen vorgeführt, in denen am vermeintlichen Ende des kulturellen Prozesses wie in einem schwarzen Loch der Begriff der Freiheit verschwindet. Mit Hilfe von Mitteln, in welche die Freiheit des Denkens, des Handelns, der Meinungsäußerung und – nicht zu vergessen – die Freiheit der Wissenschaft investiert sind, wird dem freiwillig lesenden oder hörenden Zeitgenossen nachgewiesen, dass Freiheit eine Illusion sei.

Dagegen fragen wir: Wie illusionär ist eine Illusion wirklich, die über die Jahrtausende eine solche Produktivität entfalten konnte: in den Erkenntnissen der Wissenschaften und den Produkten ihrer Technik; in den Errungenschaften rechtsförmig verfasster politischer Systeme, die ihren Bürgern zunehmend die Entfaltung ihrer Fähigkeiten und Potentiale erlaubten; in den Werken der Kunst, in denen uns ihre Schöpfer vormachten, wie sich die innovative Phantasie kultivieren lässt?

Gewiss ist gegen diese Indizienkette der Einwand zu gewärtigen, dass die hier aufgeführten Beispiele bloß die *Freiheit des Handelns* unter kulturellen Bedingungen illustrieren, die ohnehin kein Physikalist in seinem Angriff auf die *Freiheit des Willens* bestritten habe. Doch müsste er nicht auch sie bestreiten, wenn er nur konsequent wäre? Oder sollen wir mit Blick auf die Aktivitäten der Menschen aller Epochen konzedieren: Was sie da taten, als sie Gebrauch machten von ihrer Handlungsfreiheit – sie konnten es gar nicht wirklich wollen!

Mit dem Argument der Selbstwidersprüchlichkeit deterministischer Positionen, insbesondere mit dem performativen Selbstwiderspruch des Deterministen, der praktisch die Freiheit in Anspruch nimmt, die er theoretisch bestreitet, haben wir uns bereits auseinandergesetzt. Wir haben zugestanden, dass der Selbstwiderspruch keine faktische Beweiskraft gegen die These des Deterministen hat. Wir haben aber auch gefunden, dass eine Theorie über das Ganze der Welt, die für unsere Verfassung als denkende und handelnde Wesen keine angemessenen Begriffe vorhält, nicht wahr sein kann (siehe Kapitel 1, 48). Also stimmt etwas nicht an der Position des Deterministen, dem kein theoriekonsistentes Verständnis seiner selbst gelingt und der im eigenen Leben seiner Theorie nicht folgen kann.

Was ist es, das hier nicht stimmt? Der Determinist versäumt es zu fragen, wie es angesichts der durchgängigen Determination durch strukturell gleiche Gehirne überhaupt so große Unterschiede zwischen den Individuen geben kann. Allein der Blick auf die gegebene Vielfalt der Ansichten und Urteile, vor allem das Ausmaß der Gegensätze müsste ihn an seiner These von der durchgängigen Determination aller mit Sinn und Verstand verbundenen semantischen Differenzen zweifeln lassen. Auch vergisst er völlig, nach dem psychosozialen Kontext zu fragen, in dem Wollen und Verstehen überhaupt erst ihre Bedeutung erlangen. Nur weil er dies alles nicht beachtet, ist es ihm möglich, der Determinist zu sein, der er ist.

Der Einwand gegen das Argument des performativen Selbstwiderspruchs birgt indessen weiter reichende Konsequenzen: Nur wer von Freiheit überzeugt ist und gegen die These des Determinismus aus dem immer auch diskursiven Selbstverständnis des Handelnden argumentiert, wird finden, dass es in der Frage nach der Willensfreiheit überhaupt auf Argumente ankommt.

Die Freiheit des Willens ist mit solchen Argumenten nicht *bewiesen*, sondern – nach wie vor – ,nur' in der angemessenen Performanz des freien Willens: in einer Kultur der Gründe, geltend gemacht. Doch vom Repräsentanten der Bestreitung von Freiheit gilt das Gleiche: Dass Freiheit nur eine Illusion wäre, ist nicht erwiesen. Auffällig an der mit großer Lebhaftigkeit geführten Debatte ist die Tatsache, dass die empirischen Befunde aus den beteiligten Wissenschaften längst nicht das belegen, was ihre Anwälte daraus ableiten (siehe Falkenburg 2006). Diese sind viel stärker durch die überlieferte Theorie der umfassenden Determination geprägt als durch ihre Aufmerksamkeit für die Reichweite ihrer experimentell ermittelten Daten. Dabei vertreten sie einen Physikalismus, bei dem fraglich ist, ob er den Lebenswissenschaften, in denen sie arbeiten, überhaupt noch angemessen ist (siehe Neuweiler 2008).

Sofern wir nicht ohnehin finden, dass die Argumente der einen Seite besser sind als die der anderen – wie gehen wir in einer Lage, die sich rein formal als Pattsituation beschreiben lässt, mit der bleibenden Zumutung des Determinismus um?

René Descartes hat in seinem „Discours de la Méthode" (1637) für die Zeit bis zu einer letztgültigen Ordnung des Lebens durch eine nach stichhaltig begründeter Methode verfahrende, alle Lebensbereiche durchdringenden Wissenschaft die Regeln einer *morale par provision* aufgestellt. Diese vorläufige Ethik empfiehlt, es den Reisenden gleichzutun, die, wenn sie sich im Wald verirrt haben, methodisch geradewegs in immer dieselbe Richtung gehen, um auf diese Weise zumindest aus dem Wald heraus und in eine Gegend zu kommen, in der es ihnen wahrscheinlich besser geht als mitten im Wald: „Ebenso dulden die Handlungen im Leben häufig keinen Aufschub, und daher ist es eine ganz unbestreitbar wahre Forderung, daß wir, wenn es nicht in unserer Macht steht, die wahrsten Ansichten zu erkennen, den wahrscheinlichsten folgen sollten, und selbst wenn wir nicht bemerken, daß die Wahrscheinlichkeit der einen die der anderen überwiegt, sollten wir uns nichtsdestoweniger zu irgendeiner entscheiden und sie hernach, *soweit sie für die Praxis Bedeutung hat*, nicht mehr als zweifelhaft, sondern als wahr und ganz sicher ansehen, weil der Grund, der uns dazu bewogen hat, doch wahr und sicher ist." (Descartes 1637, 41; Hervorh. B. R.)

Unter eine solche *morale par provision* fällt auch Blaise Pascals (1623–1662) auf dem Wahrscheinlichkeitskalkül beruhendes „Argument der Wette" („l'argument du pari"; ca. 1660): Wo es in der Wette auf gleichermaßen wahrscheinliche alternative Optionen im Fall des Gewinns eine Unendlichkeit an Möglichkeiten zu gewinnen gäbe, während im Fall des Verlustes nichts verloren wäre, da setzt der rationale Spieler auf die Unendlichkeit.

Um wie vieles wird uns die Anwendung dieser offensichtlich lebensklugen Anleitung im Blick auf den Stand der Auseinandersetzung um die Freiheit des Willens noch erleichtert durch die Reflexion auf das, was wir schon nicht mehr verlieren können! Gesetzt, die These des Determinismus wäre wahr, dann hätten wir alles, was unsere Wirklichkeit ausmacht – mitsamt den Möglichkeiten, die wir in ihr wahrnehmen –, unter den Bedingungen einer durchgängigen Determination.

Unter Bedingungen solcher Determination reichte es immerhin dazu, uns zum Beispiel mit Argumenten für und wider die Freiheit des Willens auszutauschen, neue Befunde aufzunehmen, uns die Einwände des Anderen durch den Kopf gehen zu lassen, eine Überschwänglichkeit zurückzuziehen und lieber noch einen weiteren Aufsatz zu lesen, wenn wir in der Diskussion nicht zu überzeugen vermochten.

Das Beispiel steht für alles andere, worin wir den Eindruck haben dürfen, ganz wir selbst zu sein, und das unter Bedingungen der Determination für uns genauso real wäre, wie wir es uns unter Bedingungen wahrer Freiheit denken. Können wir angesichts einer solchen Bilanz nicht mit gutem Grund gelassen sein?

Anhang

Literatur

Adorno, Theodor W. / Horkheimer, Max: Dialektik der Aufklärung. Amsterdam: Querido 1947.

Adorno, Theodor W.: Ästhetische Theorie. In: ders.: Gesammelte Schriften, Bd. 7. Frankfurt/M.: Suhrkamp 1970.

Arendt, Hannah: Vita activa oder Vom tätigen Leben. München–Zürich: Piper 1981.

— Was ist Politik? Fragmente aus dem Nachlaß. Hg. von Ursula Ludz. München–Zürich: Piper 1993.

Aristoteles: Nikomachische Ethik. Auf der Grundlage der Übersetzung von Eugen Rolfes hg. von Günther Bien. Hamburg: Meiner 1972 (NE).

— Eudemische Ethik. In: Aristoteles Werke in deutscher Übersetzung, Bd. 7. Übers. und komm. von Franz Dirlmeier. Berlin: Akademie 1984 (EE).

Augustinus: De libero arbitrio. Vom freien Willen. Übers. und erläut. von Walter Thimme. Zürich–Stuttgart: Artemis 1962.

Austin, John L.: „Falls" und „Können". In: Pothast 1978 (1956).

Bayertz, Kurt (Hg.): Verantwortung – Prinzip oder Problem? Darmstadt: Wissenschaftliche Buchgesellschaft 1995.

Beck, Lewis White: Akteur und Betrachter. Zur Grundlegung einer Handlungstheorie. Freiburg/Br.–München: Alber 1976.

Becker, Werner: Freiheit, die wir meinen. München–Zürich: Piper 1982.

Berlin, Isaiah: Zwei Freiheitsbegriffe. In: ders.: Freiheit. Vier Versuche. Frankfurt/M.: Fischer 1995 (1958)

Bieri, Peter: Das Handwerk der Freiheit. Über die Entdeckung des eigenen Willens. München–Wien: Hanser 2001.

Birnbacher, Dieter (Hg.): Tun und Unterlassen. Stuttgart: Reclam 1995.

Hans Blumenberg: Arbeit am Mythos. Frankfurt/M.: Suhrkamp 1979.

— Die Sorge geht über den Fluß. Frankfurt/M.: Suhrkamp 1987.

— Beschreibung des Menschen. Frankfurt/M.: Suhrkamp 2006.

Bodin, Jean: Sechs Bücher über den Staat. Buch I–III. Hg. von Peter Wimmer und Peter Cornelius Mayer-Tasch. München: Beck 1981 (1576).

Brandt, Reinhard: Die ermöglichte Freiheit. Sprachkritische Rekonstruktion der Lehre vom unfreien Willen. Hannover: Lutherisches Verlagshaus 1992.

Breitmeyer, Bruno: Problems with the psychophysics of Intention. In: The Behavioral and Brain Sciences, Vol. VIII. Cambridge: University 1985.

Bridgeman, Bruce: Free will and the functions of consciousness. In: The Behavioral and Brain Sciences, Vol. VIII. Cambridge: University 1985.

Cassirer, Ernst: Individuum und Kosmos in der Philosophie der Renaissance. In: ders.: Gesammelte Werke, Bd. 14. Hg. von Birgit Recki (Hamburger Ausgabe). Hamburg: Meiner 2002 (1927).

— Die Sprache und der Aufbau der Gegenstandswelt. In: ders.: Symbol, Technik, Sprache. Aufsätze aus den Jahren 1927–1933. Hg. von Ernst Wolfgang Orth und John Michael Krois. Hamburg: Meiner 1985 (1931).

— Determinismus und Indeterminismus in der modernen Physik. Historische und systematische Studien zum Kausalproblem. In: Hamburger Ausgabe, Bd. 19. Hamburg: Meiner 2004 (1936).

— Versuch über den Menschen. Einführung in eine Philosophie der Kultur. Frankfurt/M.: Fischer 1990 (1944).

Chisholm, Roderick M.: Die menschliche Freiheit und das Selbst. In: Pothast 1978 (1964).

Danto, Arthur C.: Consciousness and motor control. In: The Behavioral and Brain Sciences, Vol. VIII. Cambridge: University 1985.

Davidson, Donald: Handlung und Ereignis. Frankfurt/M.: Suhrkamp 1985.

Dennett, Daniel C.: Ellenbogenfreiheit. Die wünschenswerten Formen von freiem Willen. Frankfurt/M.: Hain 1986.

Descartes, René: Discours de la Méthode. Von der Methode des richtigen Vernunftgebrauchs und der wissenschaftlichen Forschung. Hamburg: Meiner 1960 (1637).

— Meditationes de prima philosophia. Meditationen über die Grundlagen der Philosophie. Hamburg: Meiner 1959 (1641).

Detlefsen, Grischa: Grenzen der Freiheit – Bedingungen des Handelns – Perspektiven des Schuldprinzips. Berlin: Duncker & Humblot 2006.

Dewey, John: Kunst als Erfahrung. Frankfurt/M.: Suhrkamp 1980 (1934).

Erasmus von Rotterdam: De libero arbitrio. Über den freien Willen. In: ders.: Ausgewählte Schriften, Bd. IV. Hg. von Werner Welzig. Darmstadt: Wissenschaftliche Buchgesellschaft 1969 (1524).

Falkenburg, Brigitte: Was heißt es, determiniert zu sein? Grenzen der naturwissenschaftlichen Erklärung. In: Sturma 2006.

Fichte, Johann Gottlieb: Zurückforderung der Denkfreiheit von den Fürsten Europens, die sie bisher unterdrückten. In: Fichtes Werke, Bd. VI. Hg. von Immanuel Hermann Fichte. Berlin: de Gruyter 1971 (1793).

— Erste Einleitung in die Wissenschaftslehre. In: Fichtes Werke, Bd. I. Hg. von Immanuel Hermann Fichte. Berlin: de Gruyter 1971 (1797).

Flasch, Kurt: Augustin. Einführung in sein Denken. Stuttgart: Reclam 1980.

Frankfurt, Harry: The Importance of what we Care About. Cambridge: University 1988.

Freud, Sigmund: Zur Psychopathologie des Alltagslebens. In: ders.: Gesammelte Werke, Bd. 4. Hg. von Anna Freud u. a. (FGW). London: Lingam 1940 (1901).

— Vorlesungen zur Einführung in die Psychoanalyse. In: FGW, Bd. 13. London: Lingam 1940 (1917).

— Das Unheimliche. In: FGW, Bd. 13. Lingam 1940 (1920).

— Das Ich und das Es. In: FGW, Bd. 13. London: Lingam 1940 (1923).

— Das Unbehagen in der Kultur. In: FGW, Bd. 14. London: Lingam 1940 (1929).

Gadamer, Hans-Georg: Die Aktualität des Schönen. Kunst als Spiel, Symbol und Fest. Stuttgart: Reclam 1974.

Gerhardt, Volker: Selbstbestimmung. Das Prinzip der Individualität. Stuttgart: Reclam 1999.

— Partizipation. Das Prinzip der Politik. München: Beck 2007.

— Leben ist das größere Problem. Philosophische Annäherung an eine Naturgeschichte der Freiheit. In: Heilinger 2007.

Geyer, Christian (Hg.): Hirnforschung und Willensfreiheit. Zur Deutung der neuesten Experimente. Frankfurt/M.: Suhrkamp 2004.

Habermas, Jürgen: Freiheit und Determinismus. In: Deutsche Zeitschrift für Philosophie, 52. Jg., Heft 5, 2004.

Heiden, Uwe an der / Schneider, Helmut (Hg.): Hat der Mensch einen freien Willen? Die Antworten der großen Philosophen. Stuttgart: Reclam 2007.

Heilinger, Jan-Christoph (Hg.): Naturgeschichte der Freiheit. Berlin–New York: de Gruyter 2007.

Heisenberg, Martin: Naturalisierung der Freiheit aus Sicht der Verhaltensforschung. In: Heilinger 2007.

Hobbes, Thomas: Leviathan oder Stoff, Form und Gewalt eines bürgerlichen und kirchlichen Staates. Hg. von Iring Fetscher. Darmstadt–Neuwied: Luchterhand 1976 (1651).

Holbach, Paul Henri Thiry d': System der Natur. Berlin: Aufbau 1960 (1770).

Höffe, Otfried: Freiheit und kategorischer Imperativ. Kants Moralphilosophie auf dem Prüfstand der Hirnforschung. In: Recki / Meyer / Ahl 2006.

Hume, David: Enquiries concerning the Human Understanding and concerning the Principles of Morals. Hg. von L. A. Selby-Bigge. Oxford: Clarendon 1902 (1748).

Jonas, Hans: Das Prinzip Leben. Ansätze zu einer philosophischen Biologie. Frankfurt/M.: Insel 1994 (1973).

— Das Prinzip Verantwortung. Versuch einer Ethik für die technologische Zivilisation. Frankfurt/M.: Insel 1979.

Jordan, Pascual: Wie frei sind wir? Naturgesetze und Zufall. Osnabrück: Fromm 1971.

Kandinsky, Wassily: Über das Geistige in der Kunst. Bern: Benteli 1965 (1912).

Kant, Immanuel: Eine Vorlesung über Ethik. Hg. von Gerd Gerhardt. Frankfurt/M.: Fischer 1990 (1775/85).

— Metaphysik Pölitz. In: Kant's gesammelte Schriften, Bd. XXVIII/I. Hg. von der Preußischen Akademie der Wissenschaften (Akademie-Ausgabe). Berlin: de Gruyter 1968 (1779/80).

— Kritik der reinen Vernunft. In: Akademie-Ausgabe, Bd. III. Berlin: de Gruyter 1968 (1781/87).

— Idee zu einer allgemeinen Geschichte in weltbürgerlicher Absicht. In: Akademie-Ausgabe, Bd. VIII. Berlin: de Gruyter 1968 (1784).

— Grundlegung zur Metaphysik der Sitten. In: Akademie-Ausgabe, Bd. IV. Berlin: de Gruyter 1968 (1785).

— Kritik der praktischen Vernunft. In: Akademie-Ausgabe, Bd. V. Berlin: de Gruyter 1968 (1788).

— Kritik der Urtheilskraft. In: Akademie-Ausgabe, Bd. V. Berlin: de Gruyter 1968 (1790).

— Die Religion innerhalb der Grenzen der bloßen Vernunft. In: Akademie-Ausgabe, Bd. VI. Berlin: de Gruyter 1969 (1793).

— Zum ewigen Frieden. In: Akademie-Ausgabe, Bd. VIII. Berlin: de Gruyter 1968 (1795).

— Die Metaphysik der Sitten. In: Akademie-Ausgabe, Bd. VI. Berlin: de Gruyter 1969 (1796).

Keil, Geert: Willensfreiheit. Berlin–New York: de Gruyter 2007.

Klee, Paul: Schöpferische Konfession. In: ders.: Kunst-Lehre. Aufsätze, Vorträge, Rezensionen und Beiträge zur bildnerischen Formlehre. Leipzig: Reclam 1991 (1920).

Kornhuber, Hans Helmut / Deecke, Lüder: Hirnpotentialänderungen bei
    Willkürbewegungen und passive Bewegungen des Menschen: Bereit-
    schaftspotential und reafferente Potentiale. In: Pflügers Archiv für die
    gesamte Physiologie des Menschen und der Tiere, Bd. 284. Berlin–Heidel-
    berg–New York: Springer 1965.
— Wille und Gehirn. Bielefeld–Locarno: Aisthesis 2007.
Krings, Hermann: Freiheit. In: Handbuch philosophischer Grundbegriffe,
    Bd. 2. Hg. von Hermann Krings, Hans Michael Baumgartner und Chris-
    toph Wild. München: Köse. 1973.
Lenk, Hans / Maring, Matthias: Verantwortung – Normatives Interpretations-
    konstrukt und empirische Beschreibung. In: Lutz H. Eckensberger / Gähde,
    Ulrich (Hg.): Ethische Norm und empirische Hypothese. Frankfurt/M.:
    Suhrkamp 1993.
Libet, Benjamin: Unconscious cerebral intiative and the role of conscious
    will in voluntary action. In: The Behavioral and Brain Sciences, Vol. VIII.
    Cambridge: University 1985.
— Mind Time. Wie das Gehirn Bewusstsein produziert. Frankfurt/M.: Suhr-
    kamp 2005.
Liessmann, Konrad Paul: Karl Marx 1818–1989. Man stirbt nur zweimal.
    Wien: Sonderzahl 1992.
— (Hg.): Die Freiheit des Denkens (Philosophicum Lech, Bd. 10). Wien:
    Zsolnay 2007.
Locke, John: An Essay concerning Human Understanding, Vol. I. Hg. von
    John W. Yolton. London–New York: Dutton 1965.
Luther, Martin: De servo arbitrio. Daß der freie Wille nichts sei. In: ders.: Aus-
    gewählte Werke, Erg.-Bd. 1. Hg. von Hans H. Borcherdt und Georg Merz.
    München: Kaiser 1975 (1525).
— Von der Freiheit eines Christenmenschen. In: ders.: Ausgewählte Schriften,
    Bd. 1. Hg. von Karin Bornkamp und Gerhard Ebeling. Frankfurt/M.: Insel
    1982 (1529).
Manifest, Das: Elf führende Neurowissenschaftler über Gegenwart und Zu-
    kunft der Hirnforschung. In: Gehirn und Geist, Nr. 6, 2004.
Marx, Karl: Verhandlungen des 6. rheinischen Landtages (von einem Rhein-
    länder). Erster Artikel: Debatten über Preßfreiheit und Publikation. In:
    ders. / Engels, Friedrich: Werke Bd. 3. Hg. vom Institut für Marxismus-
    Leninismus beim ZK der SED (MEW). Berlin: Dietz 1969 (1842).
— Verhandlungen des 6. rheinischen Landtages (von einem Rheinländer).
    Dritter Artikel: Debatten über das Holzdiebstahlsgesetz. In: MEW, Bd. 3.
    Berlin: Dietz 1969 (1842).

— Thesen über Feuerbach (Ad Feuerbach). In: MEW, Bd. 3. Berlin: Dietz 1969 (1845).

— / Engels, Friedrich: Die deutsche Ideologie. In: MEW, Bd. 3. Berlin: Dietz 1969 (1845/46).

Merkel, Reinhard: Willensfreiheit und rechtliche Schuld. Eine strafrechtsphilosophische Untersuchung. Baden-Baden: Nomos 2008.

Mill, John Stuart: Über die Freiheit. Stuttgart: Reclam 1988 (1859).

Moore, George Edward: Freier Wille. In: Pothast 1978 (1912).

Neuweiler, Gerhard: Und wir sind es doch – die Krone der Evolution. Berlin: Wagenbach 2008.

Nida-Rümelin, Julian: Über menschliche Freiheit. Stuttgart: Reclam 2005.

Nietzsche, Friedrich: Menschliches, Allzumenschliches. In: ders.: Sämtliche Werke. Kritische Studienausgabe, Bd. 2. Hg. von Giorgio Colli und Mazzino Montinari (KSA). München–Berlin–New York: dtv / de Gruyter 1980 (1878/86).

— Also sprach Zarathustra. In: KSA, Bd. 4. München–Berlin–New York: dtv / de Gruyter 1980 (1883/84).

— Jenseits von Gut und Böse. In: KSA, Bd. 5. München–Berlin–New York: dtv / de Gruyter 1980 (1886a).

— Zur Genealogie der Moral. In: KSA, Bd. 5. München–Berlin–New York: dtv / de Gruyter 1980 (1887).

— Götzen-Dämmerung. In: KSA, Bd. 6. München–Berlin–New York: dtv / de Gruyter 1980 (1889).

Pascal, Blaise: Über die Religion und über einige andere Gegenstände. Heidelberg: Lambert Schneider 1978 (ca. 1660).

Pauen, Michael: Illusion Freiheit? Mögliche und unmögliche Konsequenzen der Hirnforschung. Frankfurt/M.: Fischer 2004.

Pico della Mirandola, Giovanni: De dignitate hominis. Von der Würde des Menschen. Eingel. von Eugenio Garin. Bad Homburg–Berlin–Zürich: Gehlen 1968 (1486).

Planck, Max: Vom Wesen der Willensfreiheit. In: Pothast 1978 (1936).

Platon: Politeia. In: ders.: Werke, Bd. 4. Hg. von Gunther Eigler. Darmstadt: Wissenschaftliche Buchgesellschaft 1971.

— Kriton. In: ders.: Werke, Bd. 2. Hg. von Gunther Eigler. Darmstadt: Wissenschaftliche Buchgesellschaft 1973.

— Nomoi. In: ders.: Werke, Bd. 8. Hg. von Gunther Eigler. Darmstadt: Wissenschaftliche Buchgesellschaft 1977.

Plessner, Helmuth: Die Stufen des Organischen und der Mensch. In: ders.: Gesammelte Schriften, Bd. IV. Hg. von Günter Dux u. a. Frankfurt/M.: Suhrkamp 1981 (1928).

Pothast, Ulrich (Hg.): Seminar: Freies Handeln und Determinismus. Frankfurt/M.: Suhrkamp 1978.

— Die Unzulänglichkeit der Freiheitsbeweise. Zu einigen Lehrstücken aus der neueren Geschichte von Philosophie und Recht. Frankfurt/M.: Suhrkamp 1987.

Recki, Birgit: Aura und Autonomie. Zur Subjektivität der Kunst bei Walter Benjamin und Theodor W. Adorno. Würzburg: Königshausen & Neumann 1988.

— Kultur als Praxis. Eine Einführung in Ernst Cassirers Philosophie der symbolischen Formen. Berlin: Akademie 2004.

— Die Vernunft, ihre Natur, ihr Gefühl und der Fortschritt. Aufsätze zu Immanuel Kant. Paderborn: mentis 2006.

— Mitleid ohne Freiheit? Überlegungen zu Kant und Schopenhauer. In: Hühn, Lore (Hg.): Die Ethik Arthur Schopenhauers im Ausgang vom Deutschen Idealismus (Fichte / Schelling). Würzburg: Ergon 2006.

— / Meyer, Sven / Ahl, Ingmar (Hg.): Kant lebt. Sieben Reden und ein Kolloquium zum 200. Todestag des Aufklärers. Paderborn: mentis 2006.

— Entspannte Intensität und belebender Schock. Eine kleine Phänomenologie der Freiheit in der Kunst. In: Liessmann 2007.

— Kulturbejahung und Kulturverneinung. In: Wetz, Franz Josef (Hg.): Ethik zwischen Kultur- und Naturwissenschaft (Kolleg Praktische Philosophie, Bd. 1). Stuttgart: Reclam 2008.

Reemtsma, Jan Philipp: Das Scheinproblem „Willensfreiheit". Ein Plädoyer für das Ende einer überflüssigen Debatte. In: Merkur. Deutsche Zeitschrift für europäisches Denken, 60. Jg., Heft 3, 2006.

Rohs, Peter: Feld – Zeit – Ich. Entwurf einer feldtheoretischen Transzendentalphilosophie. Frankfurt/M.: Klostermann 1996.

— Libertarianische Freiheit. In: Mischer, Sybille / Quante, Michael / Suhm, Christian (Hg.): Auf Freigang. Metaphysische und ethische Annäherungen an die menschliche Freiheit. Münster: LIT 2003.

— Ein Plädoyer für Freiheit. Unveröffentl. Manuskript. Vortrag vom 18. 10. 2007.

Rösler, Frank: Was verraten die Libet-Experimente über den „freien Willen"? – Leider nicht sehr viel. In: Lampe, Ernst-Joachim / Pauen, Michael / Roth, Gerhard (Hg.): Willensfreiheit und rechtliche Ordnung. Frankfurt/M.: Suhrkamp 2008.

Roth, Gerhard: Das Gehirn und seine Wirklichkeit. Neurobiologische Forschungen und ihre philosophischen Konsequenzen. Frankfurt/M.: Suhrkamp 2002.

— Fühlen, Denken, Handeln. Wie das Gehirn unser Verhalten steuert. Frankfurt/M.: Suhrkamp 2003.

— Evolution des Gehirns – Evolution der Freiheit. In: Heilinger 2007.

Rousseau, Jean-Jacques: Vom Gesellschaftsvertrag oder Grundsätze des Staatsrechts. Stuttgart: Reclam 1977 (1762).

Roxin, Claus: Strafrecht. Allgemeiner Teil, Bd. 1 (Grundlagen. Der Aufbau der Verbrechenslehre). München: Beck 1994.

Schiller, Friedrich: Über die ästhetische Erziehung des Menschen. Stuttgart: Reclam 1965 (1795).

Schopenhauer, Arthur: Preisschrift über die Freiheit des Willens. In: ders.: Werke, Bd. III. Hg. von Ludger Lütkehaus. Zürich: Haffmans 1988 (1839).

Searle, John R.: Geist, Hirn und Wissenschaft. Frankfurt/M.: Suhrkamp 1986.

— Freiheit und Neurobiologie. Frankfurt/M.: Suhrkamp 2004.

Seebaß, Gottfried: Handlung und Freiheit. Philosophische Aufsätze. Tübingen: Mohr Siebeck 2006.

Singer, Wolf: Der Beobachter im Gehirn. Essays zur Hirnforschung. Frankfurt/M.: Suhrkamp 2002.

— Ein neues Menschenbild? Gespräche über Hirnforschung. Frankfurt/M.: Suhrkamp 2003.

— Zum Problem der Willensfreiheit. In: Liessmann 2007.

Spaemann, Robert, u. a.: Freiheit. In: Historisches Wörterbuch der Philosophie, Bd. 2. Basel–Stuttgart: Schwabe & Co. 1972.

Steinvorth, Ulrich: Freiheitstheorien in der Philosophie der Neuzeit. Darmstadt: Wissenschaftliche Buchgesellschaft 1987.

— Gleiche Freiheit. Politische Philosophie und Verteilungsgerechtigkeit. Berlin: Akademie 1999.

Strawson, Peter F.: Freiheit und Übelnehmen. In: Pothast 1978 (1962).

Sturma, Dieter: Freiheit. In: Sandkühler, Hans Jörg (Hg.): Enzyklopädie Philosophie, Bd. 1. Hamburg: Meiner 1999.

— (Hg.): Philosophie und Neurowissenschaften. Frankfurt/M.: Suhrkamp 2006.

Suhm, Christian: Machen Quantensprünge frei? Zum Zusammenhang von Kausal- und Freiheitsproblem in der Quantentheorie. In: Willaschek, Marcus (Hg.): Feld – Zeit – Kritik. Die feldtheoretische Transzendentalphilosophie von Peter Rohs in der Diskussion. Münster: LIT 1997.

— Anomaler Interaktionismus. In: Mischer, Sybille / Quante, Michael / Suhm, Christian (Hg.): Auf Freigang. Metaphysische und ethische Annäherungen an die menschliche Freiheit. Münster: LIT 2003.

Timmermann, Jens: Sittengesetz und Freiheit. Berlin–New York: de Gruyter 2003.

Tugendhat, Ernst: Philosophische Aufsätze. Frankfurt/M.: Suhrkamp 1992.

— Willensfreiheit und Determinismus. In: Liessmann 2007.

Updike, John: Der weite Weg zu zweit. Szenen einer Liebe. Reinbek bei Hamburg: Rowohlt 1982 (1956).

Weber, Max: Politik als Beruf. In: ders.: Gesammelte Politische Schriften. Hg. von Johannes Winckelmann. Tübingen: Mohr 1980.

Willaschek, Marcus: DNS: Doch nicht schuldig? Zum Zusammenhang zwischen genetischer Disposition und persönlicher Verantwortung. In: Jahrbuch für Wissenschaft und Ethik, Bd. 7. Berlin–New York: de Gruyter 2002.

— Der freie Wille. Eine Tatsache des Praktischen Lebens. In: Forschung Frankfurt. Das Wissenschaftsmagazin, 4/2005.

— / Singer, Wolf: Die Welt jenseits des Oszillografen. Ein Streitgespräch. In: Forschung Frankfurt. Das Wissenschaftsmagazin, 4/2005.

— Freiheit und Vernunft. Weshalb der Inkompatibilismus auf einer absolutistischen Konzeption von Vernunft beruht. In: Philosophisches Jahrbuch der Görresgesellschaft, 115. Jg., 2. Halbband. Freiburg/Br.–München: Alber 2008.

Personenregister